Theologie

LE CHRISTIANISME

DÉVOILÉ,

OU EXAMEN

DES PRINCIPES ET DES EFFETS DE LA RELIGION CHRETIENNE.

> Supeftitio error infanus eft, amaudus timer, quos colit violat : quid enim intereft, utrum Deos neges, an infames ? *Senc. Ep. 12.*

A PARIS,

Chez les Libraires Affociés.

M DCC LXVII.

PREFACE.

LETTRE DE L'AUTEUR.

Je reçois, Monsieur, avec reconnoissance les observations que vous m'envoyez sur mon ouvrage. Si je suis sensible aux éloges que vous daignez en faire, j'aime trop la vérité pour me choquer de la franchise avec laquelle vous me proposez vos objections; je les trouve assez graves pour mériter toute mon attention. Ce seroit être bien peu philosophe que de n'avoir point le courage d'entendre contredire ses opinions. Nous ne sommes point des théologiens; nos demêlés sont de nature à se terminer à l'amiable; ils ne doivent ressembler en rien à ceux des apôtres de la superstition, qui ne cherchent qu'à se surprendre mutuellement par des argumens captieux, & qui, aux dépens de la bonne foi, ne combattent jamais que pour défendre la cause de leur vanité & de leur propre entêtement. Nous desirons tous deux le bien du genre humain; nous cherchons la vérité, nous ne pouvons, cela posé, manquer d'être d'accord.

Vous commencez par admettre la nécessité d'examiner la religion, & de soumettre ses opinions au tribunal de la raison; vous concevez que le christianisme ne peut soutenir cet examen, & qu'aux yeux du bon sens il ne paroîtra jamais qu'un tissu d'absurdités, de fables decousues, de dogmes insensés, de cérémonies

A

puériles, de notions empruntées des Chaldéens, des Egyptiens, des Phéniciens, des Grecs & des Romains. En un mot, vous avoué que ce syftême religieux n'est que le produit informe de presque toutes les anciennes superstitions, enfantées par le fanatisme oriental, & diversement modifiées par les circonstances, les préjugés de ceux qui se sont depuis donnés pour des inspirés, pour des envoyés, pour des interprêtes de ses volontés nouvelles.

Vous frémissez de l'horreur que l'esprit intolérant des chrétiens leur a fait commettre toutes les fois qu'ils en ont eu le pouvoir: vous sentez qu'une religion fondée sur un Dieu sanguinaire, ne peut être qu'une religion de sang; vous gémissez de cette phrénésie qui s'empare dès l'enfance de l'esprit des Princes & des peuples, & les rend également esclaves de la superstition & de ses prêtres, les empêche de connoître leurs véritables intérêts, les rend sourds à la raison, les détourne des grands objets qui devroient les occuper. Vous reconnoissez qu'une religion fondée sur l'enthousiasme ou sur l'imposture ne peut avoir de principes assurés, doit être une source éternelle de disputes, doit toujours finir par causer des troubles, des persécutions & des ravages, surtout lorsque la puissance politique se croira indispensablement obligée d'entrer dans ses quérelles. Enfin, vous allez jusqu'à convenir qu'un bon chrétien, qui suit littéralement la conduite que l'évangile lui prescrit comme la plus parfaite, ne connoît en ce monde aucun des rapports sur lesquels la vraie morale est fondée, & ne peut être qu'un misanthrope inutile s'il manque d'énergie, & n'est qu'un fanatique turbulent s'il a l'ame échauffée.

Après ces aveux, comment peut-il se faire que vous jugiez que mon ouvrage est dangereux? Vous me dites *que le sage doit penser pour lui seul*; qu'il faut une religion, bonne ou mauvaise, au peuple; qu'elle est un frein nécessaire aux esprits simples & grossiers, qui sans elle n'auroient plus de motifs pour s'abstenir du crime & du vice. Vous regardez la réforme des préjugés religieux comme impossible; vous jugez que les princes, qui peuvent seuls l'opérer, sont trop intéressés à maintenir leurs sujets dans un aveuglement dont ils profitent. Voilà si je ne me trompe, les objections les plus fortes que vous m'ayez faites, je vais tacher de les lever.

D'abord je ne crois pas qu'un livre puisse être dangereux pour tout le peuple. Le peuple ne lit pas plus qu'il ne raisonne, il n'en n'a ni le loisir ni la capacité; d'un autre coté ce n'est pas la religion, c'est la loi qui contient les gens du peuple, & quand un insensé leur diroit de voler ou d'assassiner, le gibet les avertiroit de n'en rien faire. Au surplus si par hazard il se trouvoit parmi le peuple un homme en état de lire un ouvrage philosophique, il est certain que cet homme ne seroit pas communément un scélérat à craindre.

PREFACE.

Les livres ne font faits que pour la partie d'une nation que les circonstances, son éducation, ses sentimens mettent au dessus du crime. Cette portion éclairée de la société qui gouverne l'autre, lit & juge les ouvrages; s'ils contiennent des maximes fausses ou nuisibles, ils sont bientôt ou condamnés à l'oubli ou devoués à l'exécration publique: s'ils contiennent des verités, ils n'ont aucun danger à courir. Ce sont des fanatiques, des prêtres & des ignorans qui font les révolutions; les personnes éclairées, désintéressées & sensées sont amies du repos.

Vous n'êtes point, Monsieur, du nombre de ces penseurs pusillanimes, qui croyent que la vérité soit capable de nuire: elle ne nuit qu'à ceux qui trompent les hommes, & elle sera toujours utile au reste du genre humain. Tout a dû vous convaincre depuis long-tems que tous les maux dont notre espece est affligée, ne viennent que de nos erreurs, de nos interêts mal entendus, de nos préjugés; des idées fausses que nous attachons aux objets.

En effet, pour peu que l'on ait de suite dans l'esprit, il est aisé de voir que ce sont en particulier les préjugés religieux qui ont corrompu la politique & la morale. Ne sont ce pas des idées religieuses & surnaturelles qui firent regarder les Souverains comme des Dieux? C'est donc la religion qui fit éclore les despotes & les tyrans; ceux-ci firent de mauvaises loix*;

* J'ai mis cette vérité dans tout son jour dans mes *Recherches sur l'origine du Despotisme oriental.*

leux exemple corrompit les Grands, les Grands corrompirent les peuples ; les peuples viciés devinrent des esclaves malheureux, occupés à se nuire pour plaire à la grandeur & pour se tirer de la misere. Les Rois furent appellés les *images de Dieu*; ils furent absolus comme lui, ils créerent le juste & l'injuste ; leurs volontés sanctifierent souvent l'oppression, la violence, la rapine; & ce fut par la bassesse, par le vice & le crime que l'on obtint la faveur. C'est ainsi que les nations se sont remplies de citoyens pervers qui, sous des chefs corrompus par des notions religieuses, se firent continuellement une guerre ouverte ou clandestine : & n'eurent aucuns motifs pour pratiquer la vertu.

Dans des sociétés ainsi constituées, que peut faire la religion ? Ses terreurs éloignées, ou ses promesses ineffables ont-elles jamais empêché les hommes de se livrer à leurs passions, ou de chercher leur bonheur par les voyes les plus faciles. Cette religion a t'elle influé sur les mœurs des Souverains, qui lui doivent leur pouvoir divin? Ne voyons-nous pas des princes remplis de foi, entreprendre à chaque instant les guerres les plus injustes : prodiguer inutilement le sang & les biens de leurs sujets : arracher le pain des mains du pauvre, pour augmenter les trésors du riche insatiable : permettre & même ordonner le vol, les concussions les injustices ? Cette religion que tant de Souverains regardent comme l'appui de leur trone

PREFACE.

les rend-elle donc plus humains, plus réglés, plus tempérans, plus chastes, plus fideles à leurs sermens? Hélas! pourvu que nous consultions l'histoire, nous y verrons des Souverains orthodoxes, zelés & religieux jusqu'au scrupule, être en même tems des parjurs, des usurpateurs, des adulteres, des voleurs, des assassins, des hommes enfin qui agissent comme s'ils ne craignoient point ce Dieu qu'ils honorent de bouche. Parmi ces courtisans qui les entourent nous verrons un alliage continuel de christianisme & de crime, de dévotion & d'iniquité, de foi & de vexations, de religion & de trahison. Parmi ces prêtres d'un Dieu pauvre & crucifié, qui fondent leur existence sur sa religion, qui prétendent que sans elle il ne peut y avoir de morale; ne voyons-nous pas regner l'orgueil, l'avarice, la lubricité, l'esprit de domination & de vengeance*? Leurs prédications continuelles & réitérées depuis tant de siécles, ont-elles véritablement influé sur les mœurs des nations? Les conversions que leurs discours opérent sont-elles vraiment utiles? Changent-elles les cœurs des peuples qui les écoutent? De l'aveu même de ces Docteurs, ces conversions sont très-rares, ils vivent toujours

* Quand nous nous plaignons des desordres des Prêtres, on nous ferme la bouche en disant: *qu'il faut faire ce qu'ils disent & ne point faire ce qu'ils font.* Quelle confiance pouvons-nous prendre en des médecins, qui, lorsqu'ils ont les mêmes maux que nous, ne veulent jamais se servir des mêmes remédes qu'ils prescrivent?

dans la lie des siécles: la perversité humaine augmente tous les jours, & chaque jour ils déclament contre des vices & des crimes que la coutume autorisent, que le gouvernement encourage, que l'opinion favorise, que le pouvoir recompense, & que chacun se trouve intéressé à commettre, sous peine d'être malheureux.

Ainsi, de l'aveu même de ses ministres la religion dont les préceptes ont été inculqués dès l'enfance & se répétent sans relache, ne peut rien contre la dépravation des mœurs. Les hommes mettent toujours la religion de coté, dès qu'elle s'oppose à leurs desirs ; ils ne l'écoutent que lorsqu'elle favorise leurs passions, lorsqu'elle s'accorde avec leur témpéramment, & avec les idées qu'ils se font du bonheur. Le libertin s'en mocque, lorsqu'elle condamne ses débauches ; l'ambitieux la méprise lorsqu'elle met des bornes à ses vœux ; l'avare ne l'écoute pas lorsqu'elle lui dit de répandre des bienfaits ; le courtisan rit de sa simplicité quand elle lui ordonne d'être franc & sincere. D'un autre coté le Souverain est docile à ses leçons lorsqu'elle lui dit qu'il est l'image de la divinité ; qu'il doit être absolu comme elle ; qu'il est le maître de la vie & des biens de ses sujets ; qu'il doit les exterminer quand ils ne pensent point comme lui. Le bilieux écoute avidement les préceptes de son pretre, quand il lui ordonne de hair ; le vindicatif lui obéit, quand il lui permet de se venger lui-même, sous prétexte de venger son Dieu. En un mot la religion ne change rien aux passions des hommes, ils ne l'écoutent que lorsqu'elle parle à l'unisson de leurs desirs; elle ne les change qu'au lit de la mort : alors leur changement est inutile au monde, & le pardon du ciel que l'on promet au repentir infructueux des mourans, encourage les vivans à persister dans le désordre jusqu'au dernier instant.

En vain la religion prêcheroit-elle la vertu, lorsque cette vertu devient contraire aux intérêts des hommes ou ne les mene à rien. On ne peut donner des mœurs à une nation dont le Souverain est lui-même sans mœurs & sans vertu, où les Grands regardent cette vertu comme une foiblesse, où les pretres la dégradent par leur conduite, où l'homme du peuple, malgré les belles haranguesde ses prédicateurs, sent bien que pour se tirer de la misere, il faut se pieter aux vices de ceux qui sont plus puissans que lui. Dans des societés ainsi constituées, la morale ne peut être qu'une spéculation stérile, propre à exercer l'esprit, sans influer sur la conduite de personne, sinon d'un petit nombre d'hommes que leur tempérament a rendu modérés & contens de leur sort. Tous ceux qui voudront courir à la fortune ou rendre leur sort plus doux, se laisseront entraîner par le torrent générale qui les forcera de franchir les obstacles que la conscience leur oppose.

Ce n'est donc point le prêtre, c'est le Souverain qui peut établir les mœurs dans un

Etat. Il doit prêcher par son exemple, il doit effrayer le crime par des chatimens, il doit inviter à la vertu par des recompenses ; il doit surtout veiller à l'éducation publique, afin que l'on ne seme dans les cœurs de ses sujets que des passions utiles à la societé.

Parmi nous l'éducation n'occupe presque pas la politique ; celle-ci montre l'indifférence la plus profonde sur l'objet le plus essentiel au bonheur des Etats. Chez presque tous les peuples modernes l'éducation publique se borne à enseigner des langues inutiles à la plupart de ceux qui les apprennent ; au lieu de la morale on inculque aux chrétiens les fables merveilleuses & les dogmes inconcevables d'une religion très-opposée à la droite raison : dès le premier pas que le jeune homme fait dans ses études, on lui apprend qu'il doit renoncer au témoignage des sens, soumettre sa raison, qu'on lui décrie comme un guide infidele, & s'en rapporter aveuglément à l'autorité de ses maîtres. Mais quels sont ces maîtres ? Ce sont des prêtres intéressés à maintenir l'univers dans des opinions dont seuls ils recueillent les fruits. Ces pédagogues mercénaires pleins d'ignorance & de préjugés sont rarement eux-mêmes au ton de la societé. Leurs ames abjectes & rétrécies sont-elles bien capables d'instruire leurs éleves de ce qu'elles ignorent elles-mêmes ? Des pédans avilis aux yeux même de ceux qui leur confient leurs enfans, sont-ils bien en état d'inspirer à leurs eleves le desir de la gloire, une noble émulation, les sentimens généreux qui sont la source de toutes les qualités utiles à la république? Leur apprendront-ils à aimer le bien publique, à servir la patrie, à connoître les devoirs de l'homme & du citoyen, du pere de famille & des enfans, des maîtres & des serviteurs? Non sans doute ; l'on ne voit sortir des mains de ces guides ineptes & méprisables, que des ignorans superstitieux, qui, s'ils ont profité des leçons qu'ils ont reçu, ne savent rien des choses nécessaires à la societé, dont ils vont devenir des membres inutiles.

De quelque coté que nous portions nos regards, nous verrons l'étude des objets les plus importans pour l'homme totalement négligée. La morale sous laquelle je comprends aussi la politique, n'est presque comptée pour rien dans l'éducation européenne ; la seule morale qu'on apprenne aux chrétiens, c'est cette morale enthousiaste, impraticable, contradictoire, incertaine, que nous voyons contenue dans l'évangile; elle n'est propre, comme je crois l'avoir prouvé, qu'à dégrader l'esprit, qu'à rendre la vertu haïssable, qu'à former des esclaves abjectes, qu'à briser le ressort de l'ame, ou bien si elle est semée dans des esprits échauffés, elle n'en fait que des fanatiques turbulens, capables d'ébranler les fondemens des societés.

Malgré l'inutilité & la perversité de la morale que le christianisme enseigne aux hommes, ses partisans osent nous dire que sans religion l'on ne peut avoir de mœurs. Mais qu'est-ce qu'avoir des mœurs dans le langage des chrétiens ? C'est prier sans relache, c'est fréquenter les temples, c'est faire pénitence, c'est s'abstenir des plaisirs, c'est vivre dans le recueillement & la retraite. Quel bien résulte-t'il pour la société de ces pratiques que l'on peut observer sans avoir l'ombre de la vertu? Si des mœurs de cette espece conduisent au ciel, elles sont très-inutiles à la terre. Si ce sont là des vertus, il faut convenir que sans religion l'on n'a point de vertu. Mais d'un autre coté on peut observer fidelement tout ce que le christianisme recommande, sans avoir aucune des vertus que la raison nous montre comme nécessaires au soutien des societés politiques.

Il faut donc bien distinguer la morale *religieuse* de la morale *politique*: la premiere fait des saints, l'autre des citoyens : l'une fait des hommes inutiles ou même nuisibles au monde, l'autre doit avoir pour objet de former à la société des membres utiles, actifs, capables de la servir, qui remplissent les devoirs d'époux, de peres, d'amis, d'associés, quelles que soyent d'ailleurs leurs opinions métaphisiques qui, quoi qu'en dise la théologie, sont bien moins surs que les régles invariables du bon sens.

En effet, il est certain que l'homme est un être sociable, qui cherche en tout son bonheur, qu'il fait le bien lorsqu'il y trouve son intérêt; qu'il n'est si communément méchant que parce que sans cela ils seroit obligé de renoncer au bien-être. Cela posé que l'éducation enseigne aux hommes à connoître les rapports qui subsistent entr'eux, & les devoirs qui découlent de ces rapports ; que le gouvernement, à l'aide des loix, des recompenses & des peines, confirme les leçons que l'éducation aura données ; que le bonheur accompagne les actions utiles & vertueuses ; que la honte, le mépris, le chatiment punissent le crime & le vice, alors les hommes auront une morale humaine, fondée sur leur propre nature, sur les besoins des nations, sur l'intérêts des peuples & de ceux qui les gouvernent. Cette morale indépendante des notions sublimes de la Théologie, n'aura peut-être rien de commun avec la morale religieuse ; mais la societé n'aura rien à perdre avec cette dernière morale, qui, comme on l'a prouvé, s'oppose à chaque instant au bonheur des Etats, au repos des familles, à l'union des citoyens.

Un Souverain à qui la societé a confié l'autorité suprême, tient dans ses mains les grands mobiles qui agissent sur les hommes ; il a plus de pouvoir que les Dieux pour établir & réformer les mœurs. Sa présence, ses recompenses, ses ménaces, que dis-je? un seul de ses regards peut bien plus que tous les sermons des Prêtres. Les honneurs de ce monde, les richesses agissent bien plus fortement sur les hommes les plus religieux, que toutes les esperances pompeuses de la religion. Le courtisan le plus dévot craint plus son Roi que son Dieu.

C'est donc, je le répete, le Souverain qui doit prêcher; c'est à lui qu'il appartient de réformer les mœurs; elles feront bonnes lorsque le prince sera bon & vertueux lui-même, lorsque les citoyens recevront une éducation honnête, qui en leur inspirant de bonne heure des principes vertueux, les habituera à honorer la vertu, à détester le crime, à méprifer le vice, à craindre l'infamie. Cette éducation ne sera point infructueuse, lorsque des exemples continuels prouveront aux citoyens que c'est par des talens & des vertus que l'on parvient aux honneurs, au bien-être, aux distinctions, à la considération, à la faveur; & que le vice ne conduit qu'au mépris & à l'ignominie. C'est à la tête d'une nation nourrie dans ces principes qu'un Prince éclairé fera réellement grand, puissant & respecté Ses prédications feront plus efficaces que celles de ces Prêtres, qui, depuis tant de siecles, déclament inutilement contre la corruption publique.*

Si les Prêtres ont usurpé sur la puissance souveraine le droit d'instruire les peuples, que celle-ci reprenne ses droits, ou du moins qu'elle ne souffre point qu'ils jouissent exclusivement de la liberté de régler les mœurs des nations & de leur parler de la morale, que le Monarque reprime ces prêtres eux memes, quand ils enseigneront des maximes visiblement nuisibles au

* Quintilien dit; *quidquid Principes faciunt, præcipere videntur.* Les Princes semblent ordonner de faire tout ce qu'ils font eux-mêmes.

bien de la société. Qu'ils enseignent, s'il leur plaît, que leur Dieu se change en pain, mais qu'ils n'enseignent jamais que l'on doit hair ou détruire ceux qui refusent de croire ce mystere ineffable. Que dans la société nul inspiré n'ait la faculté de soulever les sujets contre l'autorité, de sémer la discorde, de briser les liens qui unissent les citoyens entr'eux, de troubler la paix publique pour des opinions. Le souverain quand il voudra, pourra contenir le sacerdoce lui-meme. Le fanatisme est honteux quand il se voit privé d'appui, les pretres eux-memes attendent du prince les objets de leurs desirs & la plupart d'entr'eux sont toujours disposés à lui sacrifier les intérets prétendus de la religion & de la conscience, quand ils jugent ce sacrifice nécessaire à leur fortune.

Si l'on me dit que les princes se croiront toujours intéressés à maintenir la religion & à ménager ses ministres au moins par politique, lors meme qu'ils en seront détrompés intérieurement ; je réponds qu'il est aisé de convaincre les souverains par une foule d'exemples, que la religion chrétienne fut cent fois nuisible à leurs pareils ; que le sacerdoce fut & sera toujours le rival de la royauté ; que les pretres chrétiens sont par leur essence les sujets les moins soumis : je réponds qu'il est facile de faire sentir à tout prince éclairé, que son intéret véritable est de commander à des peuples heureux ; que c'est le bien etre qu'il leur procure, que dépendra sa sûreté & sa propre grandeur; en un mot, que son bonheur est lié à celui de son peuple, & qu'à la tete d'une nation, composée de citoiens honnetes & vertueux, il sera bien plus fort qu'à la tete d'une troupe d'esclaves ignorans & corrompus, qu'il est forcé de tromper pour pouvoir les contenir, & d'abruver d'impostures, pour en venir à bout.

Ainsi ne désespérons point que quelque jour la vérité ne perce jusqu'au trone. Si les lumieres de la raison & de la science ont tant de peine à parvenir jusqu'aux Princes, c'est que des prêtres intéressés, & des courtisans faméliques, chercherent à les retenir dans une enfance perpétuelle, leur montre le pouvoir & la grandeur dans des chimeres, & les détournent des objets nécessaires à leur vrai bonheur. Tout Souverain qui aura le courage de penser par lui-même sentira que sa puissance sera toujours chancelante & précaire, tant qu'elle n'aura d'appui que dans les phantômes de sa religion, les erreurs des peuples, les caprices du sacerdoce. Il sentira les inconvéniens résultans d'une administration fanatique, qui jusqu'ici n'a formé que des ignorans présomptueux, des chrétiens opiniatres & souvent turbulens, des citoyens incapables de servir l'état, des peuples imbéciles, prêts à recevoir les impressions des guides qui les égarent; il sentira les ressources immenses que mettroient dans ses mains les biens si long-tems usurpés sur la nation par des hommes inutiles, qui sous prétexte de l'instruire, la trompent & la dévorent* A ces fondations religieuses, dont le bon sens rougit; n'ont servi qu'à entretenir l'insolence & le luxe, qu'à favoriser l'orgueil sacerdotal, un prince ferme & sage substituera des établissemens utiles à l'état, propres à faire germer les talens, à former la jeunesse, à recompenser les services & les vertus, à soulager des peuples, à faire éclore des citoiens.

Je me flatte, Monsieur, que ces reflexions me disculperont à vos yeux. Je ne prétens point aux suffrages de ceux qui se croient intéressés aux maux de leurs concitoyens; ce n'est point eux que je cherche à convaincre; on ne peut rien prouver à des hommes vicieux & déraisonnables. J'ose donc espérer que vous cesserez de regarder mon livre comme dangereux & mes espérances comme totalement chimériques. Beaucoup d'hommes sans mœurs ont attaqué la religion, parce qu'elle contrarioit leurs penchans; beaucoup de sages l'ont méprisée, parce qu'elle leur paroissoit ridicule; beaucoup de personnes l'ont regardée comme indifférente, parce qu'elles n'en ont point senti les vrais inconvéniens: comme citoyen, je l'attaque, parce qu'elle me paroit nuisible au bon-

* Quelques personnes ont cru que le Clergé pouvoit servir quelquefois de barriere au despotisme; mais l'expérience suffit pour prouver que jamais ce corps n'a stipulé pour lui meme. Ainsi l'intérêt des nations, & celui des bons souverains, trouve que ce corps n'est absolument bon à rien.

heur de l'état, ennemie des progrès de l'esprit humain, opposée à la saine morale, dont les intérêts de la politique ne peuvent jamais se séparer. Il me reste à vous dire avec un poete ennemi, comme moi, de la superstition :

Si tibi vera videtur,
Dede manus, & si falsa est, accingere contra.

Je suis, &c......

Paris le 4 Mai 1758.

LE CHRISTIANISME DÉVOILÉ.

CHAPITRE PREMIER.
INTRODUCTION.

De la nécessité d'examiner sa religion, & des obstacles que l'on rencontre dans cet examen.

Un être raisonnable doit dans toutes ses actions se proposer son propre bonheur & celui de ses semblables. La religion que tout concourt à nous montrer comme l'objet le plus important à notre félicité temporelle & éternelle, n'a des avantages pour nous qu'autant qu'elle rend notre existance heureuse en ce monde, & qu'autant que nous sommes assurés qu'elle remplira les promesses flatteuses qu'elle nous fait pour un autre. Nos devoirs envers le Dieu que nous regardons comme le maître de nos destinés, ne peuvent être fondés que sur les biens que nous en attendons, ou sur les maux que nous craignons de sa part : il est donc nécessaire que l'homme examine les motifs de ses craintes il doit pour cet effet consulter l'expérience & la raison, qui seules peuvent le guider ici bas par les avantages que la religion lui procure dans le monde visible qu'il habite, il pourra juger de la réalité de ceux qu'elle lui fait espérer dans un monde invisible, vers lequel elle lui ordonne de tourner ses regards.

Les hommes, pour la plupart, ne tiennent à leur religion que par habitude ; ils n'ont jamais examiné sérieusement les raisons qui les y attachent, les motifs de leur conduite, les fondemens de leurs opinions : ainsi la chose que tous regardent comme la plus importante pour eux, fut toujours celle qu'ils craignirent le plus d'approfondir ; ils suivent les routes que leurs peres leur ont tracées ; ils croient parce qu'on leur a dit dès l'enfance qu'il falloit croire ; ils espérent parce que leurs ancetres ont espéré, ils tremblent, parce que leurs dévanciers ont tremblé : presque jamais ils n'ont daigné se rendre compte des motifs de leur croiance. Très-peu d'hommes ont le loisir d'examiner, ou la capacité d'envisager les objets de leur vénération habituelle de leur attachement peu raisonné, de leurs craintes traditionnelles ; les nations sont toujours entraînées par le torrent de l'habitude, de l'exemple, du préjugé : l'éducation habitue l'esprit aux opinions les plus monstrueuses, comme le corps aux attitudes les plus génantes ; tout ce qui a duré long-tems paroît sacré aux hommes ; ils se croiroient coupables, s'ils pot-

B

toient leurs regards téméraires sur les choses revêtues du sceau de l'antiquité : prévenus en faveur de la sagesse de leurs peres, ils n'ont point la présomption d'examiner après eux; ils ne voient point que de tous tems l'homme fut la dupe de ses préjugés, de ses espérances & de ses craintes, & que les mêmes raisons lui rendirent presque toujours l'examen également impossible.

Le vulgaire occupé de travaux nécessaires à sa subsistance, accorde une confiance aveugle à ceux qui prétendent le guider; il se repose sur eux du soin de penser pour lui, il souscrit sans peine à tout ce qu'ils lui prescrivent, il croiroit offenser son Dieu, s'il doutoit d'un instant de la bonne foi de ceux qui lui parlent en son nom. Les grands, les riches, les gens du monde, lors même qu'ils sont plus éclairés que le vulgaire, se trouvent intéressés à se conformer aux préjugés reçus, & même à les maintenir; ou bien, livrés à la molesse, à la dissipation & aux plaisirs, ils sont totalement incapables de s'occuper d'une religion qu'ils font toujours céder à leurs passions, à leurs penchans, & au desir de s'amuser. Dans l'enfance nous recevons toutes les impressions qu'on veut nous donner; nous n'avons ni la capacité, ni l'expérience, ni le courage nécessaires pour douter de ce que nous enseignent ceux dans la dépendance desquels notre foiblesse nous met. Dans l'adolescence, les passions fougueuses & l'ivresse continuelle de nos sens nous empêchent de songer à une religion trop épineuse & trop triste pour nous occuper agréablement : si par hasard un jeune homme l'examine, c'est sans suite & avec partialité; un coup d'œil superficiel le dégoute bientôt d'un objet si déplaisant. Dans l'âge mûr, des soins divers, des passions nouvelles, des idées d'ambition, de grandeur, de pouvoir, le desir des richesses, des occupations suivies absorbent toute l'attention de l'homme fait, on ne lui laisse que peu de momens pour songer à cette religion que jamais il n'a le loisir d'approfondir. Dans la vieillesse, des facultés engourdies, des habitudes identifiées avec la machine, organes affoiblis par l'âge & les infirmités ne nous permettent plus de remonter à la source de nos opinions enracinées; la crainte de la mort que nous avons devant les yeux, rendroit d'ailleurs très-suspect un examen auquel la terreur préside communément.

C'est ainsi que les opinions religieuses une fois admises, se maintiennent pendant une longue suite de siecles; c'est ainsi que d'âge en âge les nations se transmettent des idées qu'elles n'ont jamais examinées ; elles croient que leur bonheur est attaché à des institutions dans lesquelles un examen plus mûr leur montreroit la source de la plupart de leurs maux. L'autorité vient encore à l'appui des préjugés des hommes elle leur défend l'examen, elle les force à l'ignorance, elle se tient toujours prête à punir quiconque tenteroit de les désabuser.

Ne soyons donc point surpris, si nous voyons l'erreur presque identifiée avec la race humaine, tout semble concourir à éterniser son aveuglement; toutes les forces se réunissent pour lui cacher la vérité: les tyrans les détestent & l'oppriment, parce qu'elle ose discuter leurs titres injustes & chimériques, le sacerdoce la décrie, parce qu'elle met au néant ses prétentions fastueuses; l'ignorance, l'inertie & les passions des peuples les rendent complices de ceux qui se trouvent intéressés à les aveugler, pour les tenir sous le joug, & pour tirer parti de leurs infortunes: par là les nations gémissent sous des maux héréditaires, jamais elles ne songent à y remédier, soit parce qu'elles n'en connoissent point la source, soit parce que l'habitude les accoutume au malheur & leur ôte même le désir de se soulager.

Si la religion est l'objet le plus important pour nous, si elle influe nécessairement sur toute la conduite de la vie, si ses influences s'étendent non seulement à notre existance en ce monde, mais encore à celle que l'homme se promet pour la suite; il n'est sans doute rien qui demande un examen plus sérieux de notre part : cependant c'est de toutes les choses celle dans laquelle le commun des hommes montre le plus de crédulité; le même homme, qui apportera l'examen le plus sérieux dans la chose la moins intéressante à son bien être, ne se donne aucune peine pour s'assurer des motifs qui le déterminent à croire ou à faire des choses, desquelles de son aveu, dépend sa félicité temporelle & éternelle; il s'en rapporte aveuglément à ceux que le hasard lui a donnés pour guides, il se repose sur eux du soin d'y penser pour lui, & parvient à se faire un mérite de sa paresse même & de sa crédulité : en matiere de religion, les hommes se font une gloire de rester toujours dans l'enfance & dans la barbarie.

Cependant il se trouva dans tous les siécles des hommes qui détrompés des préjugés de leurs concitoyens oserent leur montrer la vérité. Mais que pouvoit leur foible voix contre des erreurs sucées avec le lait, confirmée par l'habitude, autorisées par l'exemple, fortifiées par une politique souvent complice de sa propre ruine? Les cris imposans de l'imposture réduisirent bientôt au silence ceux qui voulurent reclamer en faveur de la raison ; en vain le philosophe effraya-t'il d'inspirer aux hommes du courage, tant que leurs prêtres & leurs Rois les forcerent de trembler.

Le plus sur moien de tromper les hommes, & de perpétuer leurs préjugés, c'est de les tromper dans l'enfance : chez presque tous les peuples modernes, l'éducation ne semble avoir pour objet que de former des fanatiques, des devots, des moines, c'est-à-dire des hommes nuisibles ou inutiles à la société : on ne songe nulle part à former des citoyens : les Princes eux-mêmes communément victimes de l'éducation superstitieuse qu'on leur donne, demeurent toute leur vie dans l'ignorance la plus profonde de leurs devoirs & des vrais intérêts de leurs états; ils s'imaginent avoir tout fait pour leurs sujets, s'ils leur font remplir l'esprit d'idées religieuses qui tiennent lieu de bonnes loix, & qui dispensent leurs maitres du soin pénible de les bien gouverner. La religion ne semble imaginée que pour rendre les Souverains & les peuples esclaves du sacerdoce; celui-ci n'est occupé qu'à susciter des obstacles continuels au bonheur des nations; partout où il regne, le Souverain n'a qu'un pouvoir précaire, & les sujets sont dépourvus d'activité, de science & de grandeur d'ame, d'industrie, en un mot, des qualités nécessaires au soutient de la société.

Si dans un état chrétien on voit quelqu'activité, si l'on y trouve de la science, si l'on y rencontre des mœurs sociales, c'est qu'en dépit de leurs opinions religieuses la nature, toutes les fois qu'elle le peut, ramene les hommes à la raison & les force de travailler à leur propre bonheur. Toutes les nations chrétiennes, si elles étoient conséquentes à leurs principes devroient être plongées dans la plus profonde inertie; nos contrées seroient habitées par un petit nombre de pieux sauvages qui ne se rencontreroient que pour se nuire. En effet à quoi bon s'occuper d'un monde que la religion ne montre à ses disciples que comme un lieu de passage? Quelle peut-être l'industrie d'un peuple à qui l'on répéte tous les jours que fon Dieu veut qu'il prie, qu'il s'afflige, qu'il vive dans la crainte, l'ubi gémisse sans cesse? Comment pourroit subsister une société composée d'hommes à qui l'on persuade qu'il faut avoir du zele pour la religion, & que l'on doit hair & détruire ses semblables pour des opinions? Enfin comment peut-on attendre de l'humanité, la justice, des vertus d'une foule de fanatiques à qui l'on propose pour modele un Dieu cruel, dissimulé, méchant, qui se plait à voir couler les larmes de ses malheureuses créatures, qui leur tend des embuches, qui les punit pour y avoir succombé, qui ordonne le vol, le crime & le carnage?

Tels sont pourtant les traits sous lesquels le Christianisme nous peint le Dieu, fut un sultan, un despote, un tyran, à qui tout fut permis; l'on fit pourtant de ce Dieu le modele de la perfection; l'on commit en son nom les crimes les plus révoltans, & les plus grands forfaits furent toujours justifiés dès qu'on les commit pour soutenir sa cause, ou pour mériter sa faveur. Ainsi la religion chrétienne, qui se vante de prêter un appui inébranlable à la morale, & de présenter aux hommes les motifs les plus forts pour les exciter à la vertu, fut pour eux une source de divisions, de fureurs & de crimes: sous prétexte de leur apporter la paix, elle ne leur apportera que la fureur, la haine, la discorde & la guerre; elle leur fournit mille moyens ingénieux de se tourmenter; elle répandit sur eux des fléaux inconnus à leurs peres; & le chrétien, s'il eut été insensé, eut mille fois regretté la paisible ignorance de ses ancettes idolâtres. Si les mœurs des peuples n'eurent rien à gagner avec la religion chrétienne, le pouvoir des Rois, dont elle prétend être l'appui, n'en retirera pas de plus grands avantages; il s'établit dans chaque Etat deux pouvoirs distingués; celui de la religion, fondé sur Dieu lui-même, l'emporta presque toujours sur celui du souverain; celui-ci fut forcé de devenir le serviteur des pretres, & toutes les fois qu'il refusa de fléchir le genou devant eux, il fut proscrit dépouillé de ses droits, exterminé par des sujets que la religion excitoit à la revolte, ou par des fanatiques, aux mains desquels elle remettoit son couteau. Avant le Christirnisme le souverain de l'état fut communément le souverain du pretre, depuis que le monde est chrétien le souverain n'est plus que le premier esclave du sacerdoce que l'exécuteur de ses vengeances & de ses décrets.

Concluons donc que la religion chrétienne n'a point de titre pour se vanter des avantages qu'elle procure à la morale, ou à la politique. Arrachons-lui donc le voile dont elle se couvre; remontons à sa source; analysons ses principes; suivons-la dans sa marche, & nous trouverons que, fondée sur l'imposture, sur l'ignorance & sur la crédulité, elle ne fut jamais utile

qu'à des hommes qui se croyent intéressés à tromper le genre humain ; qu'elle
ne cessa jamais de causer les plus grands
maux aux nations, & qu'au lieu du bonheur qu'elle leur avoit promis, elle ne
servit qu'à les enivrer de fureurs, qu'à les
inonder de sang, qu'à les plonger dans le
délire & dans le crime, qu'à leur faire
méconnoître leurs véritables intérêts &
leurs devoirs les plus saints.

CHAPITRE II.

Histoire abrégée du Peuple Juif.

DAns une petite contrée presque ig-
norée des autres peuples, vivoit une
nation, dont les fondateurs, long-tems
esclaves chez les Egyptiens, furent délivrés de leur servitude par un prêtre d'Héliopolis, qui par son génie, & ses connoissances supérieures, sut prendre de
l'ascendant sur eux. * Cet homme, connu sous le nom de Moïse, nourri dans

* Maneton & Chérémon, historiens Egiptiens,
dont le Juif Joseph nous a transmis les témoignages, nous apprennent qu'une multitude de lépreux
fut autrefois chassée d'Egypte par le Roi Ameno-
phis, que ces bannis élurent pour leur chef un
Prêtre d'Héliopolis, nommé *Moïse*, qui leur
composa une religion & leur donna des loix.

les sciences de cette région fertile en prodiges & mere des superstitions, se mit donc à la tête d'une troupe de fugitifs, à qui il persuada qu'il étoit l'interprète des volontés de leur Dieu, qu'il en recevoit directement les ordres. Il appuya, dit-on, sa mission par des œuvres qui parurent surnaturelles à des hommes ignorans des voies de la nature & des ressources de l'art. Le premier des ordres qu'il leur donna, de la part de son Dieu, fut de voler leurs maîtres, qu'ils étoient sur le point de quitter. Lorsqu'il les eut ainsi enrichis des dépouilles de l'Egypte, & qu'il se fut assuré de leur confiance, il les conduisit dans un désert, où, pendant quarante ans, il les accoutuma à la plus

V. *Joseph contre Appien*, Liv. I. ch. 9 11. & 12. Diodore de Sicile rapporte l'histoire de Moïse, *dans la traduction de l'Abbé Terrasson.*

Quoi qu'il en soit de l'aveu même de la Bible, Moïse commença par assassiner un Egyptien, qui avoit pris querelle avec un Hébreu; après quoi, il se sauva en Arabie, où il épousa la fille d'un Prêtre Idolâtre, qui lui reprocha souvent sa cruauté : de-là ce saint homme retourna en Egypte pour soulever sa nation mécontente contre le Roi. Il regna très-tyranniquement, l'exemple de Coré, de Dathan, & d'Abyron, prouve que les esprits forts n'avoient pas beau jeu avec lui. Il disparut, comme Romulus, sans qu'on sût trouver son corps, ni le lieu de sa sépulture.

aveugle obéissance; il leur apprit la volonté du ciel, la fable merveilleuse de leurs ancêtres; les cérémonies bisares auxquelles le Très-haut attachoit ses faveurs; il leur inspira sur-tout la haine la plus envenimée contre les Dieux des autres nations, & la cruauté la plus étudiée contre ceux qui les adoroient : à force de carnage & de sévérité, il en fit des esclaves souples à ses volontés prêts à seconder ses passions, prêts à se sacrifier pour satisfaire ses vues ambitieuses; en un mot, il fit des Hébreux, des monstres de phrénésie & de férocité. Après les avoir ainsi animés de cet esprit destructeur, il leur montra les terres & les possessions de leurs voisins, l'héritage que Dieu même leur avoit assigné.

Fiers de la protection de *Jehovah* *, les Hébreux marcherent à la victoire, le ciel autorisa pour eux la fourberie & la cruauté : la religion, unie à l'avidité, étouffa chez eux les cris de la nature, & sous la conduite de leurs chefs inhumains, ils détruisirent les nations Chananéenes avec une barbarie qui révolte tout homme en qui la superstition n'a pas totalement

---

* C'étoit le nom ineffable du Dieu des Juifs, qui n'osoient le prononcer. Son nom vulgaire étoit *Adonaï*, qui ressemble furieusement à l'*Adonis* des Phéniciens. V. *Mes recherches sur le despotisme oriental.*

C 2

anéanti la raison. Leur fureur dictée par le ciel même, n'épargna ni les enfans à la mamelle, ni les villes où ces monstres portèrent leurs armes victorieuses. Par les ordres de Dieu, ou de ses Prophêtes, la bonne foi fut violée, la justice fut outragée, & la cruauté fut exercée. *

Brigands, usurpateurs & meurtriers, les Hébreux parvinrent enfin à s'établir dans une contrée peu fertile, mais qu'ils trouverent délicieuse, au sortir de leur désert. Là, sous l'autorité de leurs Prêtres, représentans visibles de leur Dieu caché, ils fonderent un Etat détesté de ses voisins, & qui fut en tout tems l'objet de leur haine, ou de leur mépris. Le sacerdoce, sous le nom de *Théocratie*, gou-

* Pour se faire une idée de la férocité Judaïque, qu'on lise la conduite de Moïse & de Josué, & les ordres que le Dieu des armées donne à Samuel dans le 1. *Liv. des Rois, ch.* XV. ⱱ. 23 & 24. où ce Dieu ordonne de tout examiner, sans en excepter les femmes & les enfans. Saül fut rejetté pour avoir épargné le sang du Roi des Amalécites. David seconda les fureurs de son Dieu, & tint envers les Ammonites une conduite qui revolte la nature. V. *le Liv. des Rois ch.* XII. ⱱ. 31. C'est pourtant ce David que l'on propose encore pour le modèle des Rois. Malgré sa révolte contre Saül, ses brigandages, ses adulteres, sa cruelle perfidie pour Urie, il est nommé *l'homme selon le cœur de Dieu.* Voyez le *Dictionn. de Bayle*, à *l'art.* DAVID.

verna longtems ce peuple aveugle & farouche ; il lui persuada qu'en obéissant à ses Prêtres, il obéissoit à son Dieu lui-même.

Malgré la superstition, forcé par les circonstances, ou peut être fatigué du joug de ses Prêtres, le peuple Hébreu voulut enfin avoir des Rois, à l'exemple des autres nations ; mais dans le choix de son Monarque, il se crut obligé de s'en rapporter à un prophète. Ainsi commença la monarchie des Hébreux, dont les Princes furent néanmoins toujours traversés dans leurs entreprises, par des Prêtres, des inspirés, des prophètes ambitieux, qui suscitèrent sans fin des obstacles aux Souverains qu'ils ne trouvèrent point assez soumis à leurs propres volontés. L'histoire des Juifs ne nous montre, dans toutes ses périodes, que des Rois aveuglément soumis au sacerdoce, ou perpétuellement en guerre avec lui, & forcés de périr sous ses coups.

La superstition féroce ou ridicule du peuple Juif le rendit l'ennemi né du genre humain & de ses mépris : toujours il fut rébelle, & toujours il fut maltraité par les conquérans de sa chetive contrée. Esclaves tour-à-tour des Egyptiens, des Babyloniens & des Grecs, il éprouva sans cesse les traitemens les plus durs & les mieux mérités ; souvent infidele à son Dieu, dont la cruauté, ainsi que la tyrannie de ses prêtres le dégoutèrent fréquemment, il ne fut jamais soumis à ses Princes ; ceux ci l'écraserent inutilement sous un sceptre de fer, jamais ils ne parvinrent à en faire un sujet attaché ; le Juif fut toujours la victime & la dupe de ses inspirés, & dans les plus grands malheurs, son fanatisme opiniâtre, ses espérances insensées, sa crédulité infatigable, le soutinrent contre les coups de la fortune. Enfin, conquise avec le reste du monde, la Judée subit le joug des Romains.

Objet du mépris de ses nouveaux maîtres, le Juif fut traité durement, & avec hauteur, par des hommes que sa loi lui fit détester dans son cœur : aigri par l'infortune, il n'en devint que plus séditeux, plus fanatique, plus aveugle. Fiere des promesses de son Dieu ; remplie de confiance pour les oracles qui, en tout tems, lui annoncerent un bien-être qu'elle n'eut jamais ; encouragée par les enthousiastes, ou les imposteurs, qui successivement se jouerent de sa crédulité, la nation Juive attendit toujours un *Messie*, un Monarque, un Libérateur, qui la débarrassât du joug sous lequel elle gémissoit, & qui la fît regner elle-même sur toutes les nations de l'univers.

CHAPITRE III.

Histoire abrégée du Christianisme.

CE fut au milieu de cette nation, ainsi disposée à se repaître d'espérance & de chimeres, que se montra un nouvel inspiré, dont les sectateurs sont parvenus à changer la face de la terre. Un pauvre Juif qui se prétendit issu du sang royal de David *, ignoré long tems dans son propre pays, sortit tout d'un coup de son obscurité pour se faire des prosélites. Il en trouva dans la plus ignorante

---

* Les Juifs disent que Jésus étoit fils d'un Soldat nommé *Pandira* ou *Panther*, qui séduisit *Marie* qui étoit une coeffeuse mariée à un nommé *Jochanan*, ou, selon d'autres, *Pandira* jouit plusieurs fois de Marie, tandis que celle-ci croyoit avoir affaire à son mari ; par ce moyen, elle devint grosse, & son mari chagrin se retira à Babylone. D'autres prétendent que Jésus apprit la magie en Egypte, d'où il vint exercer son art en Galilée, où on le fit mourir.

Voyez Pfeiffer, *theol. Judaica & Mahomedica, &c. principia Lypsiæ*, 1687.

D'autres assurent que Jesus fut un brigand, & se fit chef de voleurs. Voyez *la Gémar,*

populace ? il lui prêcha donc sa doctrine & lui persuada qu'il étoit le fils de Dieu, le libérateur de sa nation opprimée, le Messie annoncé par les Prophêtes. Ses disciples, ou imposteurs, ou séduits, rendirent un témoignage éclatant de sa puissance ; ils prétendirent que sa mission avoit été prouvée par des miracles sans nombre. Le seul prodige, dont il fut incapable, fut de convaincre les Juifs, qui, loin d'être touchés de ces œuvres bienfaisantes & merveilleuses, le firent mourir par un supplice infâmant. Ainsi, le fils de Dieu mourut à la vue de tout Jérusalem ; mais ses adhérens assurerent qu'il étoit secrettement ressuscité trois jours après sa mort. Visible pour eux seuls, & invisible pour la nation qu'il étoit venu éclairer & amener à sa doctrine, Jesus ressuscité conversa, dit-on, quelque tems avec ses disciples, après quoi il remonta au ciel, où, devenu Dieu comme son pere, il partage avec lui les adorations & les hommages des sectateurs de la loi. Ceux-ci à force d'accumuler des superstitions, d'imaginer des impostures, de forger des dogmes, d'entasser des mystères, ont peu-à-peu formé un systême religieux, informe & décousu, qui fut appellé le *Christianisme*, d'après le nom du *Christ* son fondateur.

Les différentes nations auxquelles les Juifs furent respectivement soumis, les avoient infectés d'une multitude de dogmes empruntés du paganisme : ainsi la religion Judaïque, Egyptienne dans son origine, adopta les rites, les notions, & une portion des idées des peuples avec qui les Juifs converserent. Il ne faut donc point être surpris si nous voyons les Juifs & les Chrétiens qui leur succéderent, imbus de notions puisées chez les Phéniciens, chez les Mages ou les Perses, chez les Grecs & les Romains. Les erreurs des hommes, en matiere de religion, ont une ressemblance générale ; elles ne paroissent différentes que par leurs combinaisons. Le commerce des Juifs & des Chrétiens, avec les Grecs, leur fit surtout connoître la philosophie de Platon, si analogue avec l'esprit romanesque des orientaux, & si conforme au génie d'une religion qui se fit un devoir de se rendre inaccessible à la raison * Paul, le plus am-

---

*Origene dit que Celse reprochoit à Jesus-Christ d'avoir emprunté plusieurs de ses maximes de Platon. Voyez Orig. contra Cels. 1. 6. S. Augustin avoue qu'il a trouvé dans Platon le commencement de l'évangile de S. Jean. Voyez S. Aug. Conf. I. VII. ch. 9. 10. 20. Les notions du Verbe sont visiblement empruntées de Platon ; l'Eglise depuis a su tirer un très-grand parti de ce philosophe, comme on le prouvera par la suite.

bitieux & le plus enthousiaste des disciples de Jésus porta donc sa doctrine, assaisonnée de sublime & de merveilleux, aux peuples de la Grèce, de l'Asie, & même aux habitans de Rome ; il eut des sectateurs, parce que tout homme, qui parle à l'imagination des hommes grossiers, les mettra dans ses intérêts, & cet Apôtre actif, peut passer, à juste titre, pour le fondateur d'une religion, qui, sans lui, n'eut pu s'étendre, par le défaut de lumieres de ses ignorans collégues, dont il ne tarda pas à se séparer pour être chef de sa secte §.

Quoi qu'il en soit, le christianisme, dans sa naissance, fut forcé de se borner aux gens du peuple ; il ne fut embrassé que par les hommes les plus abjects d'entre les Juifs & les Payens ; c'est sur des hommes de cet espece que le merveilleux a le plus de droit*. Un Dieu infortuné,

_____

§ Les Ebionites, ou premiers Chrétiens, regardoient S. Paul comme un apostat, un hérétique, parce qu'il s'écartoit entierement de la loi de Moïse, que les autres Apôtres ne vouloient que reformer.

* Les premiers Chrétiens furent appellés, par mépris, *Ebionites*: ce qui signifie *mendians*, des *gueux*. Voyez Orig. contra Celsum, l. II. Et Euseb. hist. eccles. l. III. ch. 37. *Ebion*, en Hébreu, signifie *pauvre*. On a voulu depuis personifier le mot *Ebion*, & l'on en a fait un hérétique,

victime innocente de la méchanceté, ennemi des riches & des grands, dut être un objet consolant pour les malheureux. Des mœurs austeres, le mépris des richesses, les soins, désintéressés en apparence, des premiers prédicateurs de l'evangile, dont l'ambition se bornoit à gouverner les ames, l'égalité que la religion mettoit entre les hommes, la communauté des biens, les secours mutuels que se prêtoient les membres de cette secte, furent des objets très propres à exciter les desirs des pauvres, & à multiplier les Chrétiens L'union, la concorde, l'affection reciproque, continuellement recommandées aux premiers Chrétiens, durent séduire des ames honnêtes ; la soumission aux puissances, la patience dans les souffrances, l'indigence, l'obscurité, firent regarder la secte naissante comme peu dangereuse dans un gouvernement accoutumé à tolérer toutes sortes de sectes. Ainsi, les fondateurs du christianisme eurent beaucoup d'adhérens dans le peuple, & n'eurent

un chef de secte. Quoiqu'il en soit, la religion chrétienne dût surtout plaire aux esclaves, qui étoient exclus des choses sacrées, & que l'on regardoit à peine comme des hommes ? elle leur persuada qu'ils auroient leur tour un jour, & que dans l'autre vie ils seroient plus heureux que leurs maîtres.

pour contradicteurs ou pour ennemis, que quelques Prêtres Idolâtres, ou Juifs, intéressés à soutenir les religions établies. Peu-à-peu le nouveau culte, couvert par l'obscurité de ses adhérens, & par les ombres du mystere, jetta de très-profondes racines, & devint trop étendue pour être supprimé. Le gouvernement Romain s'apperçut trop tard des progrès d'une association méprisée ; les chrétiens, devenus nombreux, oserent braver les Dieux du paganisme, jusque dans leurs temples. Les Empereurs & les Magistrats, devenus inquiets, voulurent éteindre une secte qui leur faisoit ombrage ; ils persécuterent des hommes qu'ils ne pouvoient ramener par douceur, & que leur fanatisme rendoit opiniâtres ? leurs supplices intéresserent en leur faveur ; la persécution ne fit que multiplier le nombre de leurs amis ; enfin, leur constance dans les tourmens parut surnaturelle & divine à ceux qui en furent les témoins. L'enthousiasme se communiqua, & la tyrannie ne servit qu'à procurer de nouveaux defenseurs à la secte qu'on vouloit étouffer.

Ainsi, que l'on cesse de nous venter les merveilleux progrès du christianisme ; il fut la religion du pauvre ; elle annonçoit un Dieu pauvre ; elle fut prêchée par des pauvres à de pauvres ignorans ; elle les consola de leur état; ses idées lugubres elles-mêmes furent analogues à la disposition d'hommes malheureux & indigens. L'union & la concorde que l'on admire tant dans les premiers chrétiens, n'est pas plus merveilleuse; une secte naissante & opprimée demeure unie, & craint de se séparer d'intérêts. Comment, dans ces premiers tems, ses prêtres persécutés eux-mêmes, & traités comme des *perturbateurs* eussent-ils osé prêcher l'intolérance & la persécution? Enfin, les rigueurs, exercées contre les premiers chrétiens, ne purent leur faire changer de sentimens, parce que la tyrannie irrite, & l'esprit de l'homme est indomptable, quand il s'agit des opinions auxquelles il croit son salut attaché. Tel est l'effet immanquable de la persécution. Cependant, les chrétiens, que l'exemple de leur propre secte auroit dû détromper, n'ont pu jusqu'à présent se guérir de de la fureur du persécuteur.

Les Empereurs Romains, devenus chrétiens eux-mêmes; c'est à dire, entraînés par un torrent devenu général, qui les força de se servir des secours d'une secte puissante, firent monter la religion sur le trône; ils protégèrent l'église & ses ministres; ils voulurent que leurs courtisans adoptassent leurs idées; ils regardèrent de mauvais œil ceux qui restèrent attachés à l'ancienne religion; peu-à-peu ils en vinrent jusqu'à en interdire l'exercice; il finit par être défendu sous peine de mort. On persécuta sans ménagement ceux qui s'en tinrent au culte de leurs peres; les chrétiens rendirent alors aux payens, avec usure, les maux qu'ils en avoient reçus. L'Empire Romain fut rempli de séditions, causées par le zele effréné des Souverains, & de ces prêtres pacifiques, qui peu auparavant ne vouloient que la douceur & l'indulgence. Les Empereurs, ou politiques, ou superstitieux, comblerent le sacerdoce de largesses & de bienfaits, que souvent il méconnut; ils établirent son autorité; ils respecterent ensuite, comme divin, le pouvoir qu'ils avoient eux-mêmes créé. On dechargea les prêtres de toutes les fonctions civiles, afin que rien ne les détournât du ministere sacré*. Ainsi, les Pontifes d'une secte jadis rampante & opprimée, devinrent indépendans : enfin, devenus plus puissans que les Rois, ils s'arrogerent bientôt le droit de leur commander à eux-mêmes. Ces prêtres d'un Dieu de paix, presque toujours en discorde entr'eux, communiquerent leurs passions & leurs fureurs aux peuples, & l'univers étonné vit naître, sous *la loi*

* *Voyez* Tillemont *dans la vie de Constantin* tom. IV. art. 32. pag. 148.

grace, des querelles, & des malheurs qu'il n'avoit jamais éprouvés sous les divinités paisibles qui s'étoit autrefois partagé, sans dispute, les hommages des mortels.

Telle fut la marche d'une superstition, innocente dans son origine, mais qui par la suite, loin de procurer le bonheur aux hommes, fut pour eux une pomme de discorde, & le germe fécond de leurs calamités.

Paix sur la terre, & bonne volonté aux hommes. C'est ainsi que s'annonce cet évangile, qui a couté au genre humain plus de sang que toutes les autres religions du monde prises collectivement. *Aimez votre Dieu de toutes vos forces, & votre prochain comme vous même.* Voilà, selon le Législateur & le Dieu des chrétiens, la somme de leurs devoirs: cependant nous voyons les chrétiens dans l'impossibilité d'aimer ce Dieu farouche, sévere & capricieux, qu'ils adorent : & d'un autre coté, nous les voyons éternellement occupés à tourmenter, à persécuter, à détruire leur prochain & leurs freres. Par quel renversement une religion qui ne respire que la douceur, la concorde, l'humilité, le pardon des injures, la soumission aux Souverains, est-elle mille fois devenue le signal de la discorde, de la fureur, de la revolte, de la guerre, & des crimes les plus noirs? Comment les prêtres du Dieu de paix ont-ils pu faire servir son nom de prétexte, pour troubler la société, pour en bannir l'humanité, pour autoriser les forfaits les plus inouis, pour mettre les citoyens aux prises, pour assassiner les Souverains?

Pour expliquer toutes ces contradictions, il suffit de jetter les yeux sur le Dieu que les chrétiens ont hérité des Juifs. Non contens des couleurs affreuses, sous lesquelles Moïse l'a peint, les chrétines ont encore défiguré son tableau. Les châtimens passagers de cette vie sont les seuls dont parle le législateur Hébreu ; le chrétien voit son Dieu barbare se vengeant avec rage, & sans mesure, pendant l'éternité. En un mot, le fanatisme des chrétiens se nourrit par l'idée révoltante d'un enfer, où leur Dieu, changé en un bourreau aussi injuste qu'implacable, s'abruvera des larmes de ses créatures infortunées, & perpétuera leur existence, pour continuer à la rendre éternellement malheureuse. Là, occupé de sa vengeance, il jouira des tourmens du pécheur ; il écoutera avec plaisir les hurlemens inutiles dont il fera retentir son cachot embrasé. L'espérance de voir finir ses peines ne mettra point d'intervalle entre ses supplices.

En un mot, en adoptant le Dieu terrible

des Juifs, le christianisme encherit encore sur sa cruauté : il le présente comme le tyran le plus insensé, le plus fourbe, le plus cruel que l'esprit humain puisse concevoir; il suppose qu'il traite ses sujets avec une injustice & une barbarie vraiment digne d'un démon. Pour nous convaincre de cette vérité, exposons le tableau de la mythologie Judaïque, adoptée & rendue plus extravagante par les chrétiens.

CHAPITRE IV.

De la Mythologie chrétienne, ou des idées que le christianisme nous donne de Dieu & de sa conduite.

Dieu, par un acte inconcevable de sa toute-puissance, fait sortir l'univers du néant*; il crée le monde pour être la demeure de l'homme, qu'il a fait à son image, à peine cet homme, unique objet des travaux de son Dieu, a-t-il vu la lumiere que son créateur lui tend

---

* Les anciens Philosophes regardoient comme un axiome, que *rien ne se fait de rien*. La création, telle que les chrétiens l'admettent aujourd'hui, c'est-à-dire, l'éduction du néant, est une invention théologique assez moderne. Le mot *Barah*, dont la Genese se sert, signifie, *faire, arranger, disposer une matiere déja existante.*

D

un piege auquel il favoit fans doute qu'il devoit fuccomber. Un ferpent, parle, féduit une famme, qui n'eft point furprife de ce phénomene; celle-ci, perfuadée par le ferpent, follicite fon mari de manger un fruit défendu par Dieu lui-même. *Adam* le pere du genre humain, par cette faute légere, attire fur lui-même, & fur fa poftérité innocente, une foule de maux, que la mort fait fans encore les terminer. Par l'offenfe d'un feul homme, la race entiere devient l'objet du courroux célefte; elle eft punie d'un aveuglement involontaire, par un déluge univerfel. Dieu fe repent d'avoir peuplé le monde; il trouve plus facile de noyer & de détruire l'efpece humaine, que de changer fon cœur.

Cependant un petit nombre de juftes échappé à ce fléau; mais la terre fubmergée, le genre humain annéanti, ne fuffifent point encore à fa vengeance implacable. Une race nouvelle paroît; quoique fortie des amis de Dieu; qu'il a fauvé du naufrage du monde, cette race recommence à l'irriter par de nouveaux forfaits; jamais le tout puiffant ne parvient à rendre fa créature telle qu'il la defire; une nouvelle corruption s'empare des nations, nouvelle colere de la part de *Jehovah*.

Enfin, partial dans fa tendreffe & dans fa préférence, il jette les yeux fur un

(51)

Assyrien idolâtre, il fait une alliance avec lui; il lui promet que sa race, multipliée comme les étoiles du ciel, ou comme les grains de sable de la mer, jouira toujours de la faveur de son Dieu; c'est à cette race choisie que Dieu revele ses volontés; c'est pour elle qu'il dérange cent fois l'ordre qu'il avoit établi dans la nature; c'est pour elle qu'il est injuste, qu'il détruit des nations entieres. Cependant, cette race favorisée n'en est pas plus heureuse, ni plus attachée à son Dieu, elle court toujours à des Dieux étrangers, dont elle attend des secours que le sien lui refuse; elle outrage ce Dieu qui peut l'exterminer. Tantôt ce Dieu la punit, tantôt il la console, tantôt il la hait sans motifs, tantôt il l'aime sans plus de raison. Enfin, dans l'impossibilité où il se trouve de ramener à lui un peuple pervers qu'il chétit avec opiniâtreté, il lui envoye son propre fils. Ce fils n'en est point écouté. Que dis-je? ce fils chéri, égal à Dieu son pere, est mis à mort par un peuple, objet de la tendresse obstinée de son pere, qui se trouve dans l'impuissance de sauver le genre humain, sans sacrifier son propre fils. Ainsi, un Dieu innocent, divient la victime d'un Dieu juste qui l'aime; tous deux consentent à cet étrange sacrifice, jugé nécessaire par un Dieu qui sait qu'il sera inutile à une nation endurcie, que rien ne changera. La mort d'un Dieu, devenue inutile pour Israel, servira donc du moins à expier les péchés du genre humain? Malgré l'éternité de l'alliance, jurée solemnellement par le Très-Haut, & tant de fois renouvellée avec ses descendans, la nation favorisée se trouve enfin abandonnée par son Dieu, qui n'a pu la ramener à lui. Les mérites des souffrances & de la mort de son fils sont appliqués aux nations jadis exclues de ses bontés ; celles-ci sont reconciliées avec le ciel, devenu désormais plus juste à leur égard ; le genre humain rentre en grâce. Cependant, malgré les efforts de la Divinité, ses faveurs sont inutiles, les hommes continuent à pécher ; ils ne cessent d'allumer la colère céleste, & de se rendre dignes des châtimens éternels, destinés au plus grand nombre d'entr'eux.

Telle est l'histoire fidelle du Dieu sur lequel le christianisme se fonde. D'après une conduite si étrange, si cruelle, si opposée à toute raison, est-il donc surprenant de voir les adorateurs de ce Dieu n'avoir aucune idée de leurs devoirs, méconnoître la justice, fouler aux pieds l'humanité, & faire des efforts, dans leur enthousiasme, pour s'assimiler à la divinité barbare qu'ils adorent & qu'ils se proposent pour modele ? Quelle indulgence l'homme est-il en droit d'attendre d'un Dieu qui n'a pas épargné son propre fils ? Quelle indulgence l'homme chrétien, persuadé de cette fable, aura-t-il pour son semblable ? Ne doit-il pas s'imaginer que le moyen le plus sûr de lui plaire, est d'être aussi féroce que lui*?

Au moins est-il évident que les sectateurs d'un Dieu pareil doivent avoir une morale incertaine, & dont les principes n'ont aucune fixité. En effet, ce Dieu n'est point toujours injuste & cruel ; sa conduite varie, tantôt il crée la nature entiere pour l'homme, tantôt il ne semble avoir créé ce même homme que pour exercer sur lui ses fureurs arbitraires, tantôt il le chérit malgré ses fautes, tantôt il condamne la race humaine au malheur, pour une pomme. Enfin ce Dieu immuable est alternativement agité par l'amour & la colere, par la vengeance & la pitié, par la bienveillance & le regret ; il n'a jamais, dans sa conduite, cette uniformité qui caractérise la sa-

*On nous donne la mort du Fils de Dieu comme une preuve indubitable de sa bonté ; n'est-elle pas plutôt une preuve indubitable de sa férocité, de sa vengeance implacable, de sa cruauté ? Un bon chrétien en mourant disoit : „qu'il „n'avoit jamais pu comprendre qu'un Dieu bon „eût fait mourir un Dieu innocent, pour „appaiser un Dieu juste".

gresse. Partial dans son affection pour une nation méprisable, & cruel sans raison pour le reste du genre humain, il ordonne la fraude, le vol, le meurtre, & fait à son peuple chéri un devoir de commettre, sans balancer, les crimes les plus atroces, de violer la bonne foi, de mépriser le droit des gens. Nous le voyons, dans d'autres occasions, défendre ces mêmes crimes, ordonner la justice, & prescrire aux hommes de s'abstenir des choses qui troublent l'ordre de la société. Ce Dieu, qui s'appelle à la fois le Dieu des *vengeances*, le Dieu des *miséricordes*, le Dieu des *armées*, le Dieu de *la paix* souffre continuellement le froid & le chaud; par conséquent il laisse chacun de ses adorateurs maître de la conduite qu'il doit tenir; & par là la morale devient arbitraire. Est-il donc surprenant, après cela, que les chretiens n'ayent jamais jusqu'ici pu convenir entr'eux, s'il étoit plus conforme, aux yeux de leur Dieu, de montrer de l'indulgence aux hommes, que de les exterminer pour des opinions ? En un mot, c'est un problême pour eux, de savoir s'il est plus expédient d'égorger & d'assassiner ceux qui ne pensent point comme eux, que de les laisser vivre en paix, & de leur montrer de l'humanité.

Les chrétiens ne manquent point de justifier leur Dieu de la conduite étrange, & si souvent inique, que nous lui voyons tenir dans les livres sacrés. Ce Dieu, disent-ils, maître absolu des créatures, peut en disposer à son gré, sans qu'on puisse, pour cela, l'accuser d'injustice, ni lui demander compte de ses actions : sa justice n'est point celle de l'homme ; celui-ci n'a point le droit de blâmer. Il est aisé de sentir l'insuffisance de cette réponse. En effet, les hommes en attribuant la justice à leur Dieu, ne peuvent avoir idée de cette vertu, qu'en supposant qu'elle ressemble, par ses effets, à la justice dans leurs semblables: Si Dieu n'est point juste comme les hommes, nous ne savons plus comment il l'est, & nous lui attribuons une qualité dont nous n'avons aucune idée. Si l'on nous dit que Dieu ne doit rien à ses créatures, on le suppose un tyran, qui n'a de régle que son caprice, qui ne peut dès lors être le modéle de notre justice, qui n'a plus de rapports avec nous, vu que tous les rapports doivent être réciproques. Si Dieu ne doit rien à ses créatures, comment celles-ci peuvent-elles lui devoir quelque chose ? Si, comme on nous le répéte sans cesse, les hommes sont, relativement à Dieu, *comme* l'argille dans les mains du potier, il ne peut y avoir de rapports moraux entre eux & lui. C'est néanmoins sur ces rapports que toute religion est fondée: ainsi, dire que Dieu ne doit rien à ses créatures, & que sa justice n'est point la même que celle des hommes, c'est sapper les fondemens de toute justice & de toute religion, qui suppose que Dieu doit recompenser les hommes pour le bien, & les punir pour le mal qu'ils font.

On ne manquera pas de nous dire que c'est dans une autre vie que la justice de Dieu se montrera; cela posé, nous ne pouvons l'appeller juste dans celle-ci, où nous voyons si souvent la vertu opprimée, & le vice recompensé. Tant que les choses seront en cet état, nous ne serons point à portée d'attribuer la justice à un Dieu qui se permet, au moins pendant cette vie, la seule dont nous puissions juger, des injustices passageres que l'on le suppose disposé à réparer quelque jour. Mais cette supposition elle-même n'est-elle pas très gratuite? & si ce Dieu a pu consentir d'être injuste un moment, pourquoi nous flatterions-nous qu'il ne le sera point encore dans la suite? Comment d'ailleurs concilier une justice aussi sujette à démentir, avec l'immutabilité de ce Dieu?

Ce qui vient d'être dit de la justice de Dieu, peut encore s'attribuer à la bonté qu'on lui attribue, & sur laquelle les hommes fondent leurs devoirs à son égard. En effet, si ce Dieu est tout-puissant, s'il est l'auteur de toutes choses, si rien ne se fait que par son ordre, comment lui attribuer la bonté, dans un monde où ses créatures sont exposées à des maux continuels, à des maladies cruelles, à des révolutions physiques & morales, enfin à la mort ? Les hommes ne peuvent attribuer la bonté à Dieu que d'après les biens qu'ils en reçoivent ; dès qu'ils éprouvent du mal, ce Dieu n'est plus bon pour eux. Les théologiens mettent à couvert la bonté de leur Dieu, en niant qu'il soit l'auteur du mal, qu'ils attribuent à un génie malfaisant, emprunté du magisme, qui est perpétuellement occupé à nuire au genre humain, & à frustrer les intentions favorables de la providence sur lui. Dieu, nous disent ces Docteurs, n'est point l'auteur du mal, il le permet seulement. Ne voyent-ils pas que permettre le mal, est la même chose que le commettre, dans un agent tout-puissant qui pourroit l'empêcher ? D'ailleurs, si la bonté de Dieu a pu se démentir un instant, quelle assurance avons-nous qu'elle ne se démentira pas toujours ? Enfin, dans le système chrétien, comment concilier avec la bonté de Dieu, ou avec sa sagesse, la conduite souvent barbare, & les ordres sanguinaires que les livres saints lui attribuent ? Comment un chrétien peut-il attribuer la bonté à un Dieu, qui n'a créé le plus grand nombre des hommes que pour les damner éternellement.

On nous dira, sans doute, que la conduite de Dieu est pour nous un mystere impénétrable ; que nous ne sommes point en droit de l'examiner ; que notre foible raison se perdroit toutes les fois qu'elle voudroit sonder les profondeurs de la sagesse divine ; qu'il faut l'adorer en silence, & nous soumettre, en tremblant, aux oracles d'un Dieu, qui a lui-même fait connoître ses volontés : on nous ferme la bouche, en nous disant que la divinité s'est révélée aux hommes.

CHAPITRE V.

De la Révélation.

Comment, sans le secours de la raison, connoître s'il est vrai que la Divinité ait parlé ? Mais, d'un autre côté, la religion chrétienne ne proscrit-elle pas la raison ?

n'en défend-elle pas l'usage dans l'examen des dogmes merveilleux qu'elle nous présente ? ne déclame-t-elle pas sans cesse contre *une raison prophane*, qu'elle accuse d'insuffisance, & que souvent elle regarde comme une revolte contre le ciel ? Avant de pouvoir juger de la révélation divine, il faudroit avoir une idée juste de la Divinité. Mais où puiser cette idée, sinon dans la révélation elle même, puisque notre raison est trop foible pour s'élever jusqu'à la connoissance de l'être suprême ? Ainsi la révélation elle-même nous prouvera l'autorité de la révélation. Malgré ce cercle vicieux, ouvrons les livres qui doivent nous éclairer, & auxquels nous devons soumettre notre raison. Y trouvons-nous des idées précises sur ce Dieu dont on nous annonce les oracles ? Savons-nous à quoi nous en tenir sur ses attributs ? Ce Dieu n'est-il pas un amas des qualités contradictoires qui en font une énigme inexplicable ? Si, comme on le suppose, cette révélation est émanée injuste comme faux, comme dissimulé, comme tendant des piéges aux hommes, comme se plaisant à les séduire, à les aveugler, à les endurcir comme faisant des signes pour les tromper, comme répandant sur eux l'esprit de vertige &

d'erreur * ? Ainsi, dès les premiers pas, l'homme qui veut s'assurer de la révélation chrétienne est jetté dans la défiance & dans la perplexité ; il ne sait si le Dieu qui lui a parlé, n'a pas dessein de le tromper lui-même, comme il en a trompé tant de son propre aveu : d'ailleurs n'est-il pas forcé de le penser, lorsqu'il voit les disputes interminables de ses guides sacrés, qui jamais n'ont pu s'accorder sur la façon d'entendre les oracles précis d'une divinité qui s'est expliquée.

Les incertitudes & les craintes de celui qui examine de bonne foi la révélation adoptée par les chrétiens, ne doivent-elles point redoubler, quand il voit que son Dieu n'a prétendu se faire connoître qu'à quelques êtres favorisés, tandis qu'il a voulu rester caché pour le reste des mortels à qui pourtant cette révélation étoit également nécessaire ? Comment saura-t'il s'il n'est pas du nombre de ceux à qui son Dieu partial n'a pas voulu se faire connoître ? Son cœur ne doit-il pas se troubler à la vue d'un Dieu, qui ne consent à se

---

* Dans l'Ecriture & les Peres de l'Eglise, Dieu est toujours représenté comme un séducteur. Il permet qu'Eve soit séduite par le serpent ; il endurcit le cœur de Pharaon ; Jesus-Christ est *une pierre d'achopement.* Voilà les points de vue sous lesquels on nous montre la divinité.

montrer, & à faire annoncer ses décrets, qu'à un nombre d'hommes très-peu considérable, si on le compare à toute l'espece humaine ? N'est-il pas tenté d'accuser ce Dieu d'une malice bien noire, en voyant que, faute de se manifester à tant de nations, il a causé pendant une longue suite de siécles, leur perte nécessaire ? Quelle idée peut il former d'un Dieu qui punit des millions d'hommes, pour avoir ignoré des loix secrettes qu'il n'a lui même publiées qu'à la dérobé, dans un coin obscur & ignoré de l'Asie ?

Ainsi, lorsque le chrétién consulte même les livres révélés, tout doit conspirer à le mettre en garde contre le Dieu qui lui parle; tout lui inspire de la défiance contre son caractere moral; tout devient incertitude pour lui; son Dieu, de concert avec les interprêtes de ses prétendues volontés, semble avoir formé le projet de redoubler les ténébres de son ignorance. En effet, pour fixer ses doutes, on lui dit que les volontés révélées sont des *mysteres*, c'est-à-dire, des choses inaccessibles à l'esprit humain. Dans ce cas, qu'étoit-il besoin de parler; Un Dieu ne devoit-il se manifester aux hommes, que pour n'être point compris ? Cette conduite n'est-elle pas aussi idicule qu'insensée ? Dire que Dieu ne s'est révélé que pour annoncer des mysteres, c'est dire que Dieu ne s'est révélé que pour demeurer inconnu, pour nous cacher ses voies, pour dérouter notre esprit, pour augmenter notre ignorance & nos incertitudes.

Une révélation qui seroit véritable, qui viendroit d'un Dieu juste & bon, & qui seroit nécessaire à tous les hommes, devroit être assez claire pour être entendue de tout le genre humain. la révélation, sur laquelle le judaïsme & le christianisme se fondent, est-elle donc dans ce cas? Les élemens d'Euclide sont intelligibles pour tous ceux qui veulent les entendre; cet ouvrage n'excite aucune dispute parmi les géometres. La Bible est elle aussi claire, & les vérités révélées n'occasionnent-elles aucunes disputes entre les théologiens qui les annoncent? Par quelle fatalité les écritures, révélées par la divinité même, ont-elles encore besoin de commentaires, & demandent-elles des lumieres d'en haut, pour être crues & entendues? N'est il pas étonnant, que ce qui doit servir à guider tous les hommes, ne soit compris par aucun d'eux? N'est-il pas cruel, que ce qui est le plus important pour eux, leur soit le moins connu? Tout est mystere, ténébres, incertitudes, matieres à disputes, dans une religion annoncée par le Très-Haut pour éclairer le genre humain.

L'ancien & le nouveau testament renferment des vérités essetielles aux hommes, néanmoins personnes ne les peut comprendre; chacun les entend diversement, & les théologiens ne sont jamais d'accord sur la façon de les interpréter. Peu contens des mysteres contenus dans les livres sacrés, les prêtres du christianisme en ont inventés de siecle en siecle, que leurs disciples sont obligés de croire, quoique leur fondateur & leur Dieu n'en ait jamais parlé. Aucun chrétien ne peut douter des mysteres de la Trinité, de l'Incarnation, non plus que de l'efficacité des sacremens, & cependant Jesus-Christ ne s'est jamais expliqué sur ces choses. Dans la religion chrétienne, tout semble abandonné à l'imagination, aux caprices, aux décisions arbitraires de ses ministres, qui s'arrogent le droit de forger des mysteres & des articles de foi, suivant que leurs intérets l'exigent. C'est ainsi que cette révélation se perpétue, par le moyen de l'Eglise, qui se prétend inspirée par la divinité, & qui, bien loin d'éclairer l'esprit de ses enfans, ne fait que le confondre, & le plonger dans une mer d'incertitudes.

Tels sont les effets de cette révélation, qui sert de base au christianisme, & de la réalité de laquelle il n'est pas permis de douter. Dieu, nous dit-on, a parlé aux hommes; mais quand à-t-il parlé? Il a parlé il y a des milliers d'années, à des hommes choisis, qu'il a rendus ses organes; mais comment s'assurer s'il est vrai que ce Dieu ait parlé, sinon en s'en rapportant au témoignage de ceux mêmes qui disent avoir reçu les ordres? Ces interprêtes des volontés divines sont des hommes? mais des hommes ne sont-ils pas des sujets à se tromper eux mêmes, & à tromper les autres? Comment donc connoître si l'on peut s'en fier aux témoignages que ces organes du ciel se rendent à eux mêmes? Comment savoir s'ils n'ont point été les dupes d'une imagination trop vive, ou de quelqu'illusion? Comment découvrir aujourd'hui s'il est bien vrai que ce Moïse ait conversé avec son Dieu, & qu'il ait reçu de lui la loi du peuple Juif, il y a quelques milliers d'années? Quel étoit le temperament de ce Moïse, Etoit-il flegmatique, ou enthousiaste; sincere, ou fourbe; ambitieux, ou désinteressé; véridique ou menteur. Peut-on s'en rapporter au témoignage d'un homme, qui, après avoir fait tant de miracles, n'a jamais pu détromper son peuple de son idolâtrie, & qui, ayant fait passer quarante-sept mille Israëlites au fil de l'épée, a le front de déclarer *qu'il est le plus doux des hommes* ? Les livres, attribués à ce Moïse, qui rapportent tant de faits arrivés après lui, sont-ils bien autentiques ; Enfin, quelle preuve avons-nous de sa mission, sinon le témoignage de six cent mille Israélites grossiers & superstitieux, ignorans & crédules, qui furent peut-être dupes d'un législateur féroce, toujours prêt à les exterminer, ou qui n'eurent jamais connoissance de ce qu'on devoit écrire par la suite sur le compte de ce fameux législateur.

Quelle preuve la religion chrétienne nous donne-t-elle de la mission de Jesus-Christ ? Connoissons-nous son caractere & son tempérament ; Quel dégré de foi pouvons-nous ajouter au témoignage de ses disciples, qui, de leur propre aveu, furent des hommes grossiers & dépourvus de science, par conséquent susceptibles de se laisser éblouir par les artifices d'un imposteur adroit ? Le témoignage des personnes les plus instruites de Jérusalem n'eut-il pas été d'un plus grand poids pour nous, que celui de quelques ignorans, qui sont ordinairement les dupes de qui veut les tromper ? Cela nous conduit actuellement à l'examen des preuves sur lesquelles le christianisme se fonde.

CHAPITRE VI.

Des preuves de la religion chrétienne; des miracles; des propheties; des martyrs.

Nous avons vu dans les chapitres précédens, les motifs légitimes que nous avons de douter de la révélation faite aux Juifs & aux chrétiens : d'ailleurs, rélativement à cet article, le christianisme n'a aucun avantage sur toutes les autres religions du monde, qui toutes, malgré leur discordance, se disent émanées de la Divinité, & prétendent avoir un droit exclusif à ses faveurs. L'Indien assure que le *Brama* lui-même est l'auteur de son culte. Le Scandinave tenoit le sien du redoutable *Odin*. Si le Juif & le chrétien ont reçu le leur de *Jehovah*, par le ministere de Moïse & de Jesus, le Mahométan assure qu'il a reçu le sien par son prophête, inspiré du même Dieu. Ainsi toutes les religions se disent émanées du ciel; toutes interdisent l'usage de la raison, pour examiner leurs titres sacrés; toutes se prétendent vraies, à l'exclusion des autres; toutes ménacent du courroux divin ceux qui réfuseront de se soumettre à leur autorité; enfin toutes ont le caractere de la fausseté, par les contradictions palpables dont elles sont remplies par les idées informes, obscures, & souvent odieuses, qu'elles donnent de la Divinité : par les loix bizarres qu'elles lui attribuent, par les disputes qu'elles font naître entre leurs sectateurs : enfin toutes les religions que nous voyons sur la terre, ne nous montrent qu'un amas d'impostures & de rêveries, qui révoltent également la raison. Ainsi, du côté des prétentions, la religion chrétienne n'a aucun avantage sur les autres superstitions dont l'univers est infecté, & son origine céleste lui est contestée, par toutes les autres, avec autant de raison qu'elle conteste la leur.

Comment donc se décider en sa faveur? Par où prouver la bonté de ses titres? A-t-elle des caractères distinctifs qui méritent qu'on lui donne la préférence, & quels sont-ils? Nous fait-elle connoître mieux que toutes les autres, l'essence & la nature de la Divinité? Hélas! elle ne fait que la rendre plus inconcevable; elle ne montre en elle qu'un tiran capricieux, dont les fantaisies sont tantôt favorables, & le plus souvent nuisibles à l'espece humaine. Rend-elle les hommes meilleurs? Hélas! nous voyons que partout elle divise, elle les met aux prises, elle les rend intolérants, elle les force d'être les bourreaux de leurs freres. Rend-elle les empires florissans &

puissans ? Par-tout où elle regne, ne voyons nous pas les peuples asservis, dépourvus de vigueur, d'énergie, d'activité, croupir dans une honteuse léthargie, & n'avoir aucune idée de la vraie morale ; Quels sont donc les signes auxquels on veut que nous reconnessions la supériorité du christianisme sur les autres religions ? C'est nous, dit-on, à ses martirs. Mais je vois des miracles, des prophéties, & des martirs dans toutes les religions du monde. Je vois par-tout des hommes, plus rusés & plus instruits que le vulgaire, tromper par des prestiges, & l'éblouir par des œuvres qu'il croit surnaturelles, parce qu'il ignore les secrets de la nature & les ressources de l'art.

Si le Juif me cite des miracles de Moïse, je vois ces prétendues merveilles opérées aux yeux du peuple le plus ignorant, le plus stupide, le plus abject, le plus crédule, dont le témoignage n'est d'aucun poids pour moi. D'ailleurs, je puis soupçonner que ces miracles ont été insérés dans les livres sacrés des Hébreux, longtems après la mort de ceux qui auroient pu les démentir. Si le chrétien me cite Jérusalem, & le témoignage de toute la Galilée, pour me prouver les miracles de Jesus-Christ, je ne vois encore qu'une populace ignorante qui puisse les attester;

ou je demande comment il fut possible qu'un peuple entier, témoin des miracles du Messie, consentît à sa mort, la demandât même avec empressement ? Le peuple de Londres, ou de Paris, souffriroit-il qu'on mît à mort sous ses yeux, un homme qui auroit ressuscité des morts, rendu la vue aux aveugles, redressé les boiteux, guéri des paralitiques ? Si les Juifs ont demandé la mort de Jésus, tous ses miracles sont anéantis pour tout homme non prévenu.

D'un autre côté, ne peut-on pas opposer aux miracles de Moïse, ainsi qu'à ceux de Jesus, ceux que Mahomet opéra aux yeux de la Mecque & de l'Arabie assemblés ? L'effet des miracles de Mahomet fut au moins de convaincre les Arabes qu'il étoit un homme divin. Les miracles de Jésus n'ont convaincu personne de sa mission : S. Paul lui-même qui devint le plus ardent de ses disciples, ne fut point convaincu par les miracles dont, de son tems, il existoit tant de témoins : il lui fallu un nouveau miracle pour convaincre son esprit. De quel droit veut-on donc nous faire croire aujourd'hui des merveilles qui n'étoient point convaincantes du tems même des Apôtres, c'est-à-dire, peu de tems après qu'elles furent opérées ?

Que l'on ne nous dise point que les miracles de Jesus-Christ nous sont aussi bien attestés qu'aucuns faits de l'histoire prophane, & que vouloir en douter est aussi ridicule que douter de l'existence de Scipion ou de César, que nous ne croyons que sur le rapport des historiens qui nous en ont parlé. L'existence d'un homme, d'un général d'armée, d'un héros, n'est pas incroïable; il n'en est pas de même d'un miracle* nous ajoutons foi aux faits vraisemblables rapportés par Tite-Live, tandis que nous rejettons, avec mépris, les miracles qu'il nous raconte. Un homme joint souvent la crédulité la plus stupide aux talens les plus distingués: le christianisme lui-même nous en fournit des exemples sans nombre. En matiere de religion tous les témoignages sont suspects; l'homme le plus éclairé voit très-mal, lorsqu'il est saisi d'enthousiasme, ou ivre de fanatisme, ou séduit par son imagination. Un miracle est une chose impossible; Dieu ne

* Un fait surnaturel demande, pour être cru, des témoignages plus forts qu'un fait qui n'a rien contre la vraisemblance. il est facile de croire qu'Apollonius de Thyane a existé; je m'en rapporte là dessus à Philostrate, parce que son existence n'a rien qui choque la raison, mais je ne crois plus Philostrate, quand il me dit qu'Apollonius faisoit des miracles. Je crois bien que Jesus-Christ est mort, mais je ne crois point qu'il soit ressuscité.

feroit point immuable, s'il changeoit l'ordre de la nature.

On nous dira, peut-être, que sans changer l'ordre des choses, Dieu ou ses favoris, peuvent trouver dans la nature des ressources inconnues aux autres hommes; mais alors leurs œuvres ne seront point surnaturelles, & n'auront rien de merveilleux: un miracle est un effet contraire aux loix constantes de la nature, par conséquent, Dieu lui-même, sans blesser sa sagesse, ne peut faire des miracles. Un homme sage, qui verroit un miracle, seroit en droit de douter s'il a bien vu; il devroit examiner si l'effet extraordinaire, qu'il ne comprend pas, n'est pas dû à quelque cause naturelle, dont il ignore la maniere d'agir.

Mais accordons nous, pour un instant, que les miracles soient possibles; & que ceux de Jesus ont été véritables, ou du moins n'ont point été insérés dans les évangiles après le tems où ils ont été opérés. Les témoins qui les ont transmis, les Apôtres qui les ont vu, sont-ils bien dignes de foi, & leur témoignage n'est-il point recusable ? Ces témoins étoient-ils bien éclairés ? De l'aveu même des chrétiens, c'étoient des hommes sans lumiere, tirés de la lie du peuple, par conséquent crédules & incapables d'examiner. Ces témoins étoient-ils désintéressés ? Non; ils avoient, sans doute le plus grand intérêt à soutenir des faits merveilleux, qui prouvoient la divinité de leur maître & la vérité de la religion qu'ils vouloient établir. Ces mêmes faits ont été confirmés par les historiens contemporains ? Aucun d'eux n'en a parlé, & dans une ville, aussi superstitieuse que Jérusalem, il ne s'est trouvé, ni un seul Juif, ni un seul payen, qui aient entendu parler des faits les plus extraordinaires & les plus multipliés que l'histoire ait jamais rapportés. Ce ne sont jamais que des chrétiens qui nous attestent les miracles du Christ. On veut que nous croyons, qu'à la mort du fils de Dieu la terre ait tremblé, le soleil se soit éclipsé, les morts soient sortis du tombeau. Comment des événemens si extraordinaires n'ont-ils été remarqué que par quelques chrétiens ? Furent-ils donc les seuls qui s'en apperçurent ? On veut que nous croyions que le Christ est ressuscité; on nous cite pour témoins des Apôtres, des femmes, des disciples. Une apparition solemnelle, faite dans une place publique, n'eut-elle pas été plus décisive, que toutes ces apparitions clandestines, faites à des hommes intéressés à former une nouvelle secte ? La foi chrétienne est fondée, selon S. Paul, sur la résurrection de Jésus-Christ; il faloit donc

(73)

que ce fait fut prouvé aux nations de la façon la plus claire & la plus indubitable*. Ne peut on point accuser de malice le Sauveur du monde, pour ne s'être montré qu'à ses disciples & à ses favoris ? Il ne vouloit donc point que tout le monde crût en lui ? Les Juifs, medira-t-on, en mettant le Christ à mort méritoient d'être aveuglés. Mais dans ce cas, pourquoi les Apôtres leur préchoient-ils l'évangile ? Pouvoient ils espérer qu'on ajoutât plus de foi à leur rapport, qu'à ses propres yeux ?

Au reste, les miracles ne semblent inventés que pour suppléer à de bons raisonnemens ; la vérité & l'évidence n'ont pas besoin de miracles pour se faire adopter. N'est-il pas bien surprenant, que la Divinité trouve plus facile de déranger l'ordre de la nature, que d'enseigner aux hommes des vérités claires, propres à les convaincre, capables d'arracher leur assentiment ? Les miracles n'ont été inventés

* Les Bazilidiens & les Cérenthiens, hérétiques qui vivoient du tems de la naissance du christianisme, soutenoient que Jesus n'étoit point mort, & que Simon le Cyrénéen avoit été crucifié en sa place. Voyez *Epiphan. hær. ch.* 28. voila, dès le berceau de l'Eglise, des hommes qui révoquent en doute la mort, & par conséquent la résurrection de Jesus-Christ, & l'on veut que nous la croyions aujourd'hui.

que pour prouver aux hommes des choses impossibles à croire ; il ne feroit pas besoin de miracles, si on leur parloit raison. Ainsi, ce sont des choses incroiables, qui servent de preuves à d'autres choses incroiables. Presque tous les imposteurs, qui ont apporté des religions aux peuples, leur ont annoncé des choses improbables; ensuite ils ont fait des miracles, pour les obliger à croire les choses qu'ils leur annonçoient, *Vous ne pouvez*, ont-ils dit, *comprendre ce que je vous dis ; mais je vous prouve que je dis vrai, en faisant à vos yeux des choses que vous ne pouvez pas comprendre.* Les peuples se sont payés de ces raisons; la passion pour le merveilleux les empêcha toujours de raisonner; ils ne virent point que des miracles ne pouvoient prouver des choses impossibles, ni changer l'essence de la vérité. Quelques merveilles que pût faire un homme, ou si l'on veut un Dieu lui-même, elles ne prouveront jamais que deux & deux ne sont point quatre, & que trois ne sont qu'un; qu'un être immatériel, & dépourvu d'organes, ait pu parler aux hommes; qu'un être sage, juste & bon, ait pu ordonner des folies, des injustices, des cruautés, &c. D'où l'on voit que les miracles ne prouvent rien sinon l'adresse & l'imposture de ceux qui veulent tromper les hommes, pour confirmer les mensonges qu'ils leur ont annoncés, & la crédulité stupide de ceux que ces imposteurs séduisent. Ces derniers ont toujours commencé par mentir, par donner des idées fausses de la Divinité, par prétendre avoir eu un commerce intime avec elle; & pour prouver ces merveilles incroyables, ils faisoient des œuvrees incroyables, qu'ils attribuoient à la toute puissance de l'être qui les envoyoit. Tout homme qui fait des miracles n'a point des vérités, mais des mensonges à prouver. La vérité est simple & claire; le merveilleux annonce toujours la fausseté. La nature est toujours vraie; elle agit par des loix qui ne se démentent jamais. Dire que Dieu fait des miracles, c'est dire qu'il se contredit lui-même; qu'il dément les loix qu'il a prescrites à la nature; qu'il rend inutile la raison humaine, dont on le fait l'auteur. Il n'y a que des imposteurs qui puissent nous dire de renoncer à l'expérience & de bannir la raison.

Ainsi, les prétendus miracles, que le christianisme nous raconte, n'ont, comme ceux de toutes les autres religions, que la crédulité des peuples, leur enthousiasme, leur ignorance, & l'adresse des imposteurs pour base. Nous pouvons en dire autant des prophéties. Les hommes furent de tout tems curieux de connoître l'avenir; ils trouverent, en conséquence, des hommes disposés à les servir. Nous voyons des enchanteurs, des devins, des prophêtes, dans toutes les nations du monde. Les Juifs ne furent pas plus favorisés à cet egard que les Tartares, les Négres, les Sauvages, & tous les autres peuples de la terre, qui tous posséderent des imposteurs prets à les tromper pour des présens. Ces hommes merveilleux durent sentir bientôt que leurs oracles devoient être vagues & ambigus, pour n'être point dementis par les effets. Il ne faut donc point être surpris si les propheties judaiques sont obscures, & de nature à y trouver tout ce que l'on veut y chercher. celles que les chrétiens attribuent à Jesus-Christ, ne sont point vues du même œil par les juifs, qui attendent encore ce Messie que ces premiers croyent arrivé depuis 18 siécles. Les prophêtes du judaisme ont annoncé de tout tems, à une nation inquiete & mécontente de son sort, un libérateur qui fut pareillement l'objet de l'attente des Romains, & de presque toutes les nations du monde. Tous les hommes, par un penchant naturel, esperent la fin de leurs malheurs, & croyent que la providence ne peut se dispenser de les rendre plus fortunés. Les Juifs, plus superstitieux que tous les autres peuples, se fondant sur la promesse de leur Dieu, ont du toujours attendre un conquérant, ou un Monarque, qui fît changer leur sort, & qui les tirât de l'opprobre. Comment peut-on voir ce libérateur dans la personne de Jesus, le destructeur, & non le restaurateur de la nation Hébraïque, qui, depuis lui, n'eut plus aucune part à la faveur de son Dieu?

On ne manquera pas de dire, que la destruction du peuple Juif, & sa dispersion, furent elles-mêmes prédites, & qu'elles fournissent une preuve convaincante des propheties des chrétiens. Je réponds, qu'il étoit facile de prédire la dispersion & la destruction d'un peuple toujours inquiet, turbulent, & rebelle à ses maîtres; toujours déchiré par des divisions intestines : d'ailleurs, ce peuple fut souvent conquis & dispersé ; le temple, détruit par Titus, l'avoit déja été par Nabuchodonosor, qui amena les tribus captives en Assyrie, & les répandit dans ses Etats. Nous nous appercevons de la dispersion des Juifs, & non de celle des autres nations conquises, parce que celles-ci, au bout d'un certain tems, se sont toujours confondues avec la nation conquérante, au lieu que les Juifs ne se mêlent point avec les nations parmi lesquelles ils habitent, & en demeurent toujours distingués. N'en est-il pas de même des *Guèbres* ou *Parsis* de la Perse & de l'Indostan, ainsi que des Arméniens qui vivent dans les pays mahometans? Les Juifs demeurent dispersés, parce qu'ils sont insociables, intolérans, aveuglément attachés à leurs superstitions*.

Ainsi, les chrétiens n'ont aucune raison pour se vanter des propheties contenues dans les livres mêmes des Hébreux, ni de s'en prévaloir contre ceux-ci, qu'ils regardent comme les conservateurs des titres d'une religion qu'ils abhorrent. La Judée fut de tout tems soumise aux prêtres, qui eurent une influence très-grande sur les affaires de l'Etat, qui se mêlerent de la politique, & de prédire les événemens heureux ou malheureux qu'elle avoit lieu d'attendre. Nul pays ne renferma un plus grand nombre d'inspirés; nous voyons que les prophêtes tenoient des écoles publiques, où

---

* Les actes des Apôtres prouvent évidemment que, dès avant Jesus Christ, les Juifs étoient dispersés. Il en vint de la Grece, de la Perse, de l'Arabie, &c. à Jérusalem, pour la fête de la Pentecote. Voyez *les actes*, ch. 2 ⱴ. 8. Ainsi, après Jesus, il n'y eut que les habitans de la Judée qui furent dispersés par les Romains.

ils initioient aux mysteres de leur art ceux qu'ils en trouvoient dignes, ou qui vouloient en trompant un peuple crédule, s'attirer des respects, & se procurer des moyens de subsister à ses dépens†.

L'art de prophétiser fut donc un vrai métier, ou si l'on veut, une branche de commerce fort utile & lucrative dans une nation misérable, & persuadée que son Dieu n'étoit sans cesse occupé que d'elle. Les grands profits qui résultoient de ce trafic d'impostures, durent mettre de la division entre les prophètes Juifs ; aussi voyons-nous qu'ils se décrioient les uns les autres ; chacun traitoit son rival de *faux prophete*, & prétendoit qu'il étoit inspiré de l'esprit malin. Il y eut toujours des quérelles entre les imposteurs, pour savoir à qui demeureroit le privilége de tromper leurs concitoyens.

En effet, si nous examinons la conduite de ces prophètes si vantés de l'ancien testament, nous ne trouverons en eux rien moins que des personnages ver-

---

† S. Jérome prétend que les Saducéens n'adoptoient point les prophètes, se contentant d'admettre les cinq livres de Moïse. Dodwoell. *de jure laicorum*, dit que c'étoit en buvant du vin, que les prophetes se disposoient à prophétiser. Voyez *p.* 210. Il paroît qu'ils étoient des jongleurs, des poetes & des musiciens ; qui apprenoient, comme par tout, leur métier.

tueux. Nous voyons des prêtres arrogans, perpétuellement occupés des affaires de l'Etat qu'ils surent toujours lier à celles de la religion; nous voyons en eux des séditieux, continuellement cabalans contre les Souverains qui ne leur étoient pas assez soumis, traversans leurs projets, soulevans les peuples contr'eux, & parvenans souvent à les détruire, & à faire accomplir ainsi les prédictions funestes qu'ils avoient faites contr'eux. Enfin, dans la plûpart des prophêtes qui jouèrent un role dans l'histoire des Juifs, nous voyons des rebelles occupés sans relache du soin de bouleverser l'Etat, de susciter des troubles, & de combattre l'autorité civile dont les prêtres furent toujours les ennemis, lorsqu'ils ne la trouverent pas assez complaisante, assez soumise à leurs propres intérêts*. Quoi qu'il en soit, l'obscuri-

---

* Le prophête Samuel, mécontent de Saül, qui refusa de se prêter à ses cruautés, le déclare déchu de la couronne, & lui suscite un rival dans la personne de David. Elie ne paroît avoir été qu'un séditieux, qui eut du dessous dans ses quérelles avec ses Souverains, & qui fut obligé de se soustraire par la fuite à des justes chatimens. Jérémie nous fait entendre lui-même qu'il étoit un traitre, qui s'entendoit avec les Assyriens contre sa patrie assiegée: il ne paroît occupé que du soin d'ôter à ses concitoyens le courage & la volonté de se défendre; il achette un champ de ses parens, dans le tems même où il annonce à ses compatriotes qu'ils vont être dispersés & menés en captivité.

té étudiée des prophéties permit d'appliquer celles qui avoient le Messie, ou le libérateur d'Israel, pour objet, à tout homme singulier, à tout enthousiaste, ou prophète, qui parut à Jérusalem, ou en Judée. Les chrétiens, dont l'esprit est échauffé de l'idée de leur Christ, ont cru le voir par tout & l'on distinctement apperçu dans les passages les plus obscurs de l'ancien testament. A force d'allégories, de subtilités de commentaires, d'interprétations forcées, ils sont parvenus à se faire illusion à eux-mêmes & à trouver des prédictions formelles dans les rêveries décousues, dans les oracles vagues, dans le fatras bizarre des prophètes*.

Le Roi d'Assirie recommande ce prophète à son général Nabuzardan, & lui dit d'avoir grand soin de lui. Voyez *Jérémie*.

* Il est aisé de tout voir dans la Bible, en s'y prenant comme fait S. Augustin, qui a vu tout le nouveau testament dans l'ancien. Selon lui le sacrifice d'Abel est l'image de celui de Jesus-Christ les deux femmes d'Abraham sont la Synagogue & l'Eglise, un morceau de drap rouge, exposé par une fille de joye, qui trahissoit Jérico, signifioit le sang de Jesus-Christ; l'agneau, le bouc, le lion, sont des figures de Jesus-Christ: le serpent d'airain représente le sacrifice de la croix, les mystères même du christianisme sont annoncés dans l'ancien testament; la manne annonce l'Eucharistie, &c. Voyez *S. Aug. Serm. 78 & son Ep. 157*. Comment un homme sensé peut-il voir dans l'*Emmanuel*, annoncé par Isaïe, le Messie dont le

F

Les hommes ne se rendent point difficiles sur les choses qui s'accordent avec leurs vues. Quand nous voudrons envisager sans prévention les prophéties des Hébreux, nous n'y verrons que des rapsodies informes, qui ne sont que l'ouvrage du fanatisme & du délire; nous trouverons ces prophéties obscures & énigmatiques, comme les oracles des payens; enfin, tout nous prouvera, que ces prétendus oracles divins n'étoient que les délires & les impostures de quelques hommes accoutumés à tirer parti de la crédulité d'un peuple superstitieux, qui ajou-

nom est *Jesus* : Voyez *Isaie ch. 7 V. 14* Comment découvrir dans un Juif obscur, & mis à mort *un chef qui gouvernera le peuple d'Israel*? Comment voir un Roi libérateur, un restaurateur des Juifs, dans un homme, qui bien loin de délivrer ses concitoyens, est venu pour détruire la loi des juifs, & après la venue, duquel leur petite contrée est désolée par les Romains? Il faut un profond aveuglement pour trouver le Messie dans ces prédictions. Jesus lui-même ne paroît pas avoir été plus clair, ni plus heureux dans ses prophéties. Dans l'évangile de S. *Luc ch.* 21 il annonce visiblement le jugement dernier; il parle des anges, qui, au son de la trompette, rassembleront les hommes, pour comparoître devant lui. Il ajoute : *Je vous dis en vérité, que cette génération ne passera point sans que ces prédictions soient accomplies.* Cependant le monde dure encore, & les chrétiens, depuis huit cens ans, attendent le jugement dernier.

toit foi aux songes, aux visions, aux apparitions, aux sortiléges, & qui recevoit avidement toutes les rêveries qu'on vouloit lui débiter, pourvu qu'elles fussent ornées du merveilleux. Par-tout où les hommes seront ignorans, il y aura des prophètes, des inspirés, des faiseurs de miracles; ces deux branches de commerce diminueront toujours dans la même proportion que les nations s'éclaireront.

Enfin, le christianisme met au nombre des preuves de la vérité de ses dogmes, un grand nombre de *martirs*, qui ont scellé de leur sang la vérité des opinions religieuses qu'ils avoient embrassées. Il n'est point de religion sur la terre qui n'ait eu ses défenseurs ardens, prêts à sacrifier leur vie pour les idées auxquelles on leur avoit persuadé que leur bonheur éternel étoit attaché. L'homme superstitieux & ignorant est opiniâtre dans ses préjugés; sa crédulité l'empêche de soupçonner que ses guides spirituels aient jamais pu le tromper; sa vanité lui fait croire, que lui-même il n'a pu prendre le change; enfin s'il a l'imagination assez forte, pour voir les cieux ouverts, & la divinité prête à recompenser son courage, il n'est point de supplice qu'il ne brave & qu'il n'endure. Dans son ivresse, il méprisera des tourmens de peu de durée; il rira au milieu des bourreaux; son esprit aliéné le rendra même insensible à la douleur. La pitié amollit alors le cœur des spectateurs ; ils admirent la fermeté merveilleuse du martir ; son enthousiasme les gagne ; ils croient sa cause juste ; & son courage qui leur paroît surnaturel & divin, devient une preuve indubitable de la vérité de ses opinions. C'est ainsi, que par une espèce de contagion, l'enthousiasme se communique ; l'homme s'intéresse toujours à celui qui montre le plus de fermeté, & la tyrannie attire des partisans à tous ceux qu'elle persécute. Ainsi, la constance des premiers chrétiens dut, par un effet naturel, lui former des prosélites, & les martirs ne prouvent rien, sinon la force de l'enthousiasme, de l'aveuglement, de l'opiniâtreté, que la superstition peut produire, & la cruelle démence de tous ceux qui persécutent leurs semblables pour des opinions religieuses.

Toutes les passions fortes ont leurs martyrs ; l'orgueil, la vanité, les préjugés, l'amour, l'enthousiasme du bien public, le crime même, font tous les jours des martirs, ou du moins font que ceux que ces objets enivrent, ferment les yeux sur les dangers. Est il donc surprenant que l'enthousiasme & le fanatisme, les deux passions les plus fortes chez les hommes, aient si souvent fait affronter la mort à ceux qu'elles ont enivrés des espérances qu'elles donnent ? D'ailleurs, si le christianisme a ses martirs, dont il se glorifie, le judaïsme n'a-t-il pas les siens ? Les Juifs infortunés, que l'inquisition condamne aux flammes, ne sont-ils pas des martirs de leur religion, dont la constance prouve autant en sa faveur, que celle des martirs chrétiens peut prouver en faveur du christianisme? Si les martirs prouvoient la vérité d'une religion, il n'est point de religion, ni de secte, qui ne pût être regardée comme véritable.

Enfin, parmi le nombre, peut-être exagéré, des martirs dont le christianisme se fait honneur, il en est plusieurs qui furent plûtôt les victimes d'un zele inconsidéré, d'une humeur turbulente, d'un esprit séditieux, que d'un esprit religieux. L'église elle-même n'ose point justifier ceux que leur fougue imprudente a quelquefois poussés jusqu'à troubler l'ordre public, à briser les idoles, à renverser les temples du paganisme. Si des hommes de cette espéce étoient regardés comme des martirs, tous les séditieux, tous les perturbateurs de la société, auroient droit à ce titre, lorsqu'on les fait punir.

CHAPITRE VII.

Des mysteres de la religion chrétienne.

Révéler quelque chose à quelqu'un, c'est lui découvrir des secrets qu'il ignoroit auparavant*. Si on demande aux chrétiens quels sont les secrets importans qui exigeoient que Dieu lui-même se donnât la peine de les révéler, ils nous diront que le plus grand de ces secrets, & le plus nécessaire au genre humain, est celui de l'unité de la divinité; secret, que selon eux, les hommes eussent été par eux-mêmes incapables de découvrir. Mais ne sommes nous pas en droit de leur demander si cette assertion est bien vraie? On ne peut point douter que Moïse n'ait annoncé un Dieu unique aux Hébreux, & qu'il n'ait fait tous ses efforts pour les rendre ennemis de l'idolatrie & du polythéisme des autres nations, dont il leur représenta la croiance & le culte comme abominables aux yeux du Monarque céleste qui les avoit tirés d'Égypte. Mais un grand nombre de sages du paganisme, sans le secours de la révélation judaïque, n'ont-ils pas découvert un Dieu suprême, maître de tous les autres dieux? D'ailleurs, le destin auquel tous les autres dieux du paganisme étoient subordonnés,

* Dans les religions payennes, on révéloit des mystères aux initiés: on leur apprenoit alors quelque chose qu'ils ne savoient pas. Dans la religion chrétienne, on leur révèle qu'ils doivent croire des Trinités, des Incarnations, des Résurrections, &c. &c. &c. c'est-à-dire des choses qu'ils ne comprennent pas plus, que si on ne leur avoit rien révélé, ou qui les plongent dans une plus grande ignorance qu'auparavant.

n'étoit-il pas un Dieu unique dont la nature entiere subissoit la loi souveraine ? Quant aux traits, sous lesquels Moïse a peint sa divinité, ni les Juifs, ni les chrétiens, n'ont point droit de s'en glorifier. Nous ne voyons en lui qu'un despote bizarre, colere, rempli de cruauté, d'injustice, de partialité, de malignité, dont la conduite doit jetter tout homme qui le médita, dans la plus affreuse perplexité. Que sera-ce si l'on vient à lui joindre des attributs inconcevables, que la théologie chrétienne s'efforce de lui attribuer ? Est-ce connoître la divinité, que de dire que c'est un esprit, un être *immatériel*, qui ne ressemble à rien de ce que les sens nous font connoître ? L'esprit humain n'est-il pas confondu par les attributs négatifs d'*infinité*, d'*immensité*, d'*éternité*, de *toute-puissance*, d'*omniscience*, &c. dont on n'a orné ce Dieu, que pour le rendre plus inconcevable ? Comment concilier la sagesse, la bonté, la justice & les autres qualités morales que l'on donne à ce Dieu, avec la conduite étrange, & souvent atroce, que les livres des chrétiens & des hébreux lui attribuent à chaque page ? N'eut-il pas mieux valu laisser l'homme dans l'ignorance totale de la divinité, que de lui révéler un Dieu rempli de contradictions, qui prête sans cesse à la dispute, & qui lui sert de prétexte pour troubler son repos ? Révéler un pareil

Dieu, c'est ne rien découvrir aux hommes, que le projet de les jetter dans les plus grands embarras, & de les exciter à se quereller, à se nuire, à se rendre malheureux.

Quoi qu'il en soit, est-il bien vrai que le christianisme n'admette qu'un seul Dieu, le même que celui de Moïse ? Ne voyons nous pas les chrétiens adorer une divinité triple, sous le nom de *Trinité* ? Le Dieu suprême génére de toute éternité un fils égal à lui; de l'un & de l'autre de ces dieux, il en procéde un troisieme égal aux deux premiers; ces trois dieux égaux en divinité, en perfection, en pouvoir, ne forment néanmoins qu'un seul Dieu. Ne suffit-il donc pas d'exposer ce systême, pour en montrer l'absurdité ? N'est-ce donc que pour révéler de pareils mysteres, que la divinité s'est donné la peine d'instruire le genre humain ? Les nations les plus ignorantes, & les plus sauvages, ont-elles enfantés des opinions plus monstrueuses, & plus propres à dérouter la raison* ? Cependant les écrits de Moïse

---

* Le dogme de la Trinité est visiblement emprunté des rêveries de Platon, ou peut-être des allégories sous lesquelles ce philosophe romanesque cherchoit à cacher sa doctrine. Il paroît que c'est à lui que le christianisme est redevable de la plûpart de ses dogmes. Platon admettoit trois *hypostases*, ou façon d'être de la divinité. La premiere constitue le *Dieu suprême*; la seconde le *Logos*, le verbe, l'intelligen-

ne contiennent rien qui ait pu donner lieu à ce système si étrange ; ce n'est que par des explications forcées, que l'on prétend trouver le dogme de la Trinité dans la bible. Quant aux Juifs, contens du Dieu unique, que leur législateur leur avoit annoncé, ils n'ont jamais songé à le tripler.

Le second de ces dieux, ou, suivant le langage des chrétiens, *la seconde personne de la Trinité*, s'est révêtue de la nature humaine, s'est incarnée dans le sein d'une vierge, & renonçant à sa divinité s'est soumise aux infirmités attachées à notre espece, & même a souffert une mort ignominieuse pour expier les péchés de la terre.

ce divine, engendrée du premier Dieu : la troisieme est l'*esprit* : ou l'ame du monde. Les premiers docteurs du christianisme paroissent avoir été platoniciens : leur enthousiasme trouvoit, sans doute, dans Platon, une doctrine analogue à leur religion : s'ils eussent été reconnoissans, ils auroient dû en faire un prophête ou un pere de l'Eglise. Les Missionnaires Jésuites ont trouvé au Tibet une divinité presque semblable à celle de nos pays : chez ces Tartares, Dieu s'appelle Kon-cio-cik, Dieu unique, & *Kon cio sum*, Dieu triple. Sur leurs chapelets, ils disent, *om, ha hum*, intelligence, bras, puissance ; ou parole, cœur, amour. Ces trois mots sont un des noms de la dignité. Voyez *Lettres édif.* tom. 15. Le nombre *trois* fut toujours révéré des anciens ; parceque, dans les langues orientales, *salom*, qui signifie *trois*, signifie aussi *salut*.

Voilà ce que le christianisme appelle *le mystere de l'incarnation*. Qui ne voit que ces notions absurdes sont empruntées des Egyptiens, des Indiens & des Grecs, dont les ridicules mythologies supposoient des dieux revêtus de la forme humaine, & sujets comme les hommes à des infirmités ?*

Ainsi, le christianisme nous ordonne de croire, qu'un Dieu fait homme, sans nuire à sa divinité, a pu souffrir, mourir, a pu s'offrir en sacrifice lui-même, n'a pu se dispenser de tenir une conduite aussi bizarre, pour appaiser sa propre colere. C'est là ce que les chrétiens nomment le mystere de *la rédemption* du genre humain.

Il est vrai que ce Dieu mort est ressuscité ; semblable en cela à l'Adonis de Phénicie, à l'Osyris d'Egypte, à l'Atys de Phrygie, qui furent jadis les emblêmes d'une nature périodiquement mourante & renaissante, le Dieu des chrétiens renait de ses propres cendres, & sort triomphant du tombeau.

---

* Les Egyptiens paroissent être les premiers qui aient prétendu que leurs Dieux aient pris des corps. *Foé*, le Dieu du peuple Chinois, est né d'une vierge, fécondée par un rayon de soleil. Personne ne doute, dans l'indostan, des incarnations de *Vistnou*. Il paroit que les théologiens de toutes les nations, désespérés de ne pouvoir s'élever jusqu'à Dieu, l'ont forcé de descendre jusqu'à eux.

Tels sont les secrets merveilleux, ou les mysteres sublimes, que la religion chrétienne découvre à ses disciples ; telles sont les idées, tantôt grandes, tantôt abjectes, mais toujours inconcevables, quelle nous donne de la divinité ; voila donc les lumieres que la révélation donne à notre esprit ! Il semble que celle que les chrétiens adoptent, ne se soit proposé que de redoubler les nuages qui voilent l'essence divine aux yeux des hommes. Dieu, nous dit on, a voulu se rendre ridicule pour confondre la curiosité de ceux que l'on assure pourtant qu'il voulloit illuminer par une grace spéciale. Quelle idée peut on se former d'une révélation, qui, loin de rien apprendre, se plaît à confondre les notions les plus claires.

Ainsi, nonobstant la révélation si vantée par les chrétiens, leur esprit n'a aucune lumiere sur l'être qui sert de base à toute religion ; au contraire, cette fameuse révélation, ne sert qu'à obscurcir toutes les idées que l'on pourroit s'en former. L'écriture sainte l'appelle un *Dieu caché*. David nous dit qu'*il place sa retraite dans les ténèbres, que les eaux troubles & les nuages forment le pavillon qui le couvre*. Enfin, les chrétiens, éclairés par Dieu lui-même n'ont de lui que des idées contradictoires des notions incompatibles, qui rendent son existence douteuse, ou même impossible, aux yeux de tout homme qui consulte sa raison*.

En effet, comment concevoir un Dieu, qui, n'ayant créé le monde que pour le bonheur de l'homme, permet pourtant que la plus grande partie de la race humaine soit malheureuse en ce monde & dans l'autre ? Comment un Dieu qui jouit de la suprême félicité, pourroit-il s'offenser des actions de ses créatures ? Ce Dieu est donc susceptible de douleur ; son être peut donc se troubler ; il est donc dans la dépendance de l'homme, qui peut à volonté le réjouir ou l'affliger. Comment un Dieu puissant laisse-t-il à ses créatures une liberté funeste, dont elle peuvent abuser pour l'offenser, & se perdre elles-mêmes ? Comment un Dieu peut-il se faire homme, & comment l'auteur de la vie & de la nature peut-il mourir lui-même ? Comment un Dieu unique peut-il devenir triple, sans nuire à son unité ? On nous répond que toutes ces choses sont des mysteres ; mais ces mysteres détruisent l'existence même de Dieu. Ne seroit-il pas plus raisonnable d'admettre dans la nature, avec Zoroastre, ou Manès, deux principes ou deux puissances opposées, que d'admettre, avec le christianisme, un Dieu tout-puissant qui n'a pas le pouvoir d'empêcher le mal ; un Dieu juste, mais partial ;

*Un pere de l'Eglise a dit : *Tunc Deum maximè cognoscimus, cum ignorare eum conoscimus.*

un Dieu clément, mais implacable, qui punira, pendant une éternité, les crimes d'un moment ; un Dieu simple, qui se triple ; un Dieu principe de tous les êtres, qui peut consentir à mourir, faute de pouvoir satisfaire autrement à sa justice divine ? Si dans un même sujet les contraires ne peuvent subsister en même tems ; l'existence du Dieu des Juifs & des Chrétiens est sans doute impossible ; d'où l'on est forcé de conclure, que les docteurs du christianisme, par les attributs dont ils se sont servis pour orner, ou plutôt pour défigurer la divinité, au lieu de la faire connoître, n'ont fait que l'anéantir, ou du moins la rendre méconnoissable. C'est ainsi, qu'à force de fables & de mysteres, la révélation n'a fait que troubler la raison des hommes, & rendre incertaines les notions simples qu'ils peuvent se former de l'être nécessaire, qui gouverne la nature par des loix immuables. Si l'on ne peut nier l'existence d'un Dieu, il est au moins certain que l'on ne peut admettre celui que les chrétiens adorent, & dont leur religion prétend leur révéler la conduite, les ordres & les qualités. Si c'est être *athée*, que de n'avoir aucune idée de la divinité, la théologie chrétienne ne peut être regardée que comme un projet d'anéantir l'existence de l'être suprême *.

* Jamais les Théologiens Chrétiens n'ont été

CHAPITRE VIII.

Autres mysteres & dogmes du christianisme.

PEu contens des nuages mystérieux que le christianisme a répandus sur la divinité, & des fables judaïques qu'il avoit adoptée sur son compte, les docteurs chrétiens ne semblent s'être occupés que du soin de multiplier les mysteres, & de confondre de plus en plus la raison dans leurs disciples. La religion, destinée à éclairer les nations, n'est qu'un tissu d'énigmes ; c'est un dédale d'où

d'accord entr'eux sur les preuves de l'existence d'un Dieu. Ils se traitent réciproquement d'*athées*, parce que leurs démonstrations ne sont jamais les mêmes. Il est très peu de gens, parmi les chrétiens, qui aient écrit sur l'existence de Dieu, sans se faire accuser d'*atheisme*. Descartes, Clarke, Pascal, Arnauld, Nicole, ont été regardés comme des *athées* ; la raison en est bien simple : il est totalement impossible de prouver l'existence d'un être aussi bizarre que celui dont le christianisme a fait son Dieu. On nous dira, sans doute, que les hommes n'ont point de mesures pour juger de la divinité, & que leur esprit trop borné, pour s'en former une idée ; mais dans ce cas, pourquoi en raisonner sans cesse ? Pourquoi lui assigner des qualités qui se détruisent les unes les autres ? Pourquoi en raconter des fables ? Pourquoi se quereller & s'égorger, sur la façon d'entendre les rêveries qu'on débite sur son compte.

il est impossible au bon sens de se tirer. Ce que les superstitions anciennes ont cru de plus inconcevable, dût nécessairement trouver place dans un systême religieux, qui se faisoit un principe d'imposer un silence éternel à la raison. Le fatalisme des Grecs, entre les mains des prêtres chrétiens s'est changé en *prédestination*. Suivant ce dogme tyrannique, le Dieu des miséricordes destine le plus grand nombre des malheureux mortels à des tourmens éternels; il ne les place, pour un tems, dans ce monde que pour qu'ils y abusent de leurs facultés, de leurs libertés, afin de se rendre dignes de la colere implacable de leur créateur. Un Dieu rempli de prévoyance & de bonté, donne à l'homme un *libre arbitre*, dont ce Dieu sait bien qu'il fera un usage assez pervers, pour mériter la damnation éternelle. Ainsi, la divinité ne donne le jour au plus grand nombre des hommes, ne leur donne des penchans nécessaires à leur bonheur, ne leur permet d'agir, que pour avoir le plaisir de les plonger dans l'enfer. Rien de plus affreux que les peintures que le christianisme nous fait de ce séjour, destiné à la plus grande partie de la race humaine. Un Dieu miséricordieux s'abruvera pendant l'éternité, des larmes des infortunés qu'il n'a fait naître que pour être malheureux; le pécheur, renfermé dans des cachots ténébreux, sera livré, pour toujours, aux flammes dévorantes; les voutes de cette prison ne retentiront que des grincemens de dents, de hurlemens; les tourmens qu'on y éprouvera au bout de millions de siécles, ne feront que commencer, & l'espérance consolante de voir un jour finir ces peines, manquera, & sera ravie elle-même; en un mot, Dieu par un acte de sa toute puissance rendra l'homme susceptible de souffrir sans interruption & sans terme; sa justice lui permettra de punir des crimes finis, & dont les effets sont limités par le tems, par des supplices infinis pour la durée & pour l'éternité. Telle est l'idée que le chrétien se forme du Dieu qui exige son amour. Ce tyran ne le crée, que pour le rendre malheureux; il ne lui donne la raison, que pour le tromper, des penchans que pour l'égarer; la liberté, que pour le déterminer à faire ce qui doit le perdre à jamais; enfin, il ne lui donne des avantages sur les bêtes, que pour avoir occasion de l'exposer à des tourmens, dont ces bêtes, ainsi que les substances inanimées sont exemptes. Le dogme de la prédestination rend le sort de l'homme bien plus fâcheux que celui des pierres & des brutes*.

* Le dogme de la prédestination gratuite fait la base de la religion judaïque. Dans les écrits de Moïse, on voit un Dieu partial pour le peuple qu'il a choisi, & injuste pour toutes les au-

(97)

Il est vrai que le christianisme promet un séjour délicieux à ceux que la divinité aura choisis pour être les objets de son amour ; mais ce lieu n'est réservé qu'à un petit nombre d'élus qui, sans aucun mérite de leur part, auront pourtant des droits sur la bonté de leur Dieu, partial pour eux, & cruel pour le reste des humains.

C'est ainsi que le *Tartare* & l'*Elisée* de la mythologie payenne, inventés par des imposteurs, qui vouloient, ou faire trembler les hommes, ou les séduire, ont trouvé place dans le systeme religieux des chrétiens, qui changerent les noms de ces séjours en ceux de *Paradis* & d'*Enfer*. On ne manquera pas de nous dire, que le dog-

tres nations. La théologie & l'histoire des Grecs nous montrent partout des hommes punis par les dieux, pour des crimes nécessaires, & prédits par des oracles. Nous en avons des exemples dans Oreste, dans Oedipe, dans Ajax, &c. De tout tems les hommes ont fait de Dieu le plus injuste de tous les êtres. Parmi nous, selon les Janfénistes, Dieu n'accorde sa grace qu'à qui lui plaît, sans avoir égard au mérite, ce qui est bien plus conforme au fatalisme judaïque, chrétien & payen, que la doctrine des molinistes, qui prétendent que Dieu accorde sa grace à tous ceux qui la méritent, & qui la demandent. Il est certain, que des chrétiens conséquens sont de vrais *fatalistes*. Ils s'en tirent, en disant que les voies de Dieu sont des mysteres, mais, si ce sont des mysteres, pourquoi en raisonnent-ils toujours ?

G

me des récompenses & des peines d'une autre vie est utile & nécessaire aux hommes qui, sans cela, se livreroient sans crainte aux plus grands excès. Je réponds que le législateur des Juifs leur avoit soigneusement caché ce prétendu mystere, & que le dogme de la vie future faisoit partie du secret que, dans les mysteres des Grecs, on révéloit aux initiés. Ce dogme fut ignoré du vulgaire; la société ne laissoit pas de subsister; d'ailleurs, ce ne sont point des terreurs éloignées, que les passions présentes méprisent toujours, ou du moins rendent problématiques qui contiennent les hommes; ce sont de bonnes loix; c'est une éducation raisonnable; ce sont des principes honnêtes. Si les Souverains gouvernoient avec sagesse & avec équité, ils n'auroient pas besoin du dogme des récompenses & des peines futures, pour contenir les peuples. Les hommes seront toujours plus frappés des avantages présens & des châtimens visibles, que des plaisirs & des supplices qu'on leur annonce dans une autre vie. La crainte de l'enfer ne retiendra point des criminels, que la crainte du mépris, de l'infamie, du gibet n'est point capable de retenir. Les nations chrétiennes ne sont-elles point remplies de malfaiteurs qui bravent sans cesse l'enfer, de l'existence duquel ils n'ont jamais douté?

Quoi qu'il en soit le dogme de la vie future suppose que l'homme se survivra à lui-même, ou du moins, qu'après sa mort il sera susceptible des récompenses & des peines que la religion lui fait prévoir. Suivant le christianisme les morts reprendront un jour leurs corps par un miracle de la toute puissance; les molécules dissoutes & dispersées qui composent leurs corps se rapprocheront; elles se combineront de nouveau avec leurs ames immortelles: telles sont les idées de la *Résurrection*. Les Juifs, dont le législateur n'a jamais parlé de cet étrange phénomene, paroissent avoir puisé cette doctrine chez les mages, durant leur captivité à Babylone; cependant elle ne fut point universellement admise parmi eux. Les Pharisiens admettoient la résurrection des morts, les Saducéens la rejettoient: aujourd'hui elle est un des points fondamentaux de la religion chrétienne*. Ses sectateurs

* L'auteur de l'Ecclésiaste, *ch.* 4 *v.* 19 compare la mort à celle des animaux, & paroit au moins mettre en problême le dogme de l'immortalité de l'ame. Nous ne voyons pas dans l'évangile, que Jesus-Christ fasse un crime aux Saducéens, de nier la résurrection; cependant cet article méritoit bien quelques remarques de la part d'un Dieu qui venoit d'apprendre tant de singularités aux hommes, & qui d'ailleurs devoit ressusciter lui-même. Il est vrai que Jesus dit, dans l'évangile, que Dieu n'est pas le *Dieu des morts*; mais cela ne prouveroit pas la résurrection, cela prouveroit plûtot qu'Abraham, qu'Isaac, que Ja-

croyent fermement qu'ils reſſuſciteront un jour, & que leur réſurrection ſera ſuivie du jugement univerſel & de la fin du monde. Selon eux, Dieu qui ſait tout & qui connoît juſqu'aux penſées les plus ſecrettes des hommes, viendra ſur les nuages pour leur faire rendre un compte exact de leur conduite; il les jugera avec le plus grand appareil, & d'après ce jugement leur ſort ſera irrevocablement décidé; les bons ſeront admis dans le ſéjour délicieux que la divinité réſerve à ſes élus & aux anges; les méchans ſeront précipités dans les flammes deſtinées aux démons, ennemis de Dieu & des hommes.

En effet le chriſtianiſme admet des êtres inviſibles d'une nature différente de l'homme, dont les uns exécutent les volontés du Très Haut, & dont les autres ſont connus ſous le nom d'*Anges*, ou de meſſagers ſubordonnés à Dieu: on prétend qu'il s'en ſert pour veiller à l'adminiſtration de l'univers, & ſurtout à la conſervation de l'homme. Ces êtres bienfaiſants ſont, ſuivant les chrétiens de *purs eſprits*; mais ils ont le pouvoir de ſe rendre ſenſibles, en prenant la forme humaine. Les livres ſacrés des Juifs & des chrétiens ſont remplis d'apparitions de ces êtres

cob, ne ſont point morts, vu que ces patriarches ne ſont point encore reſſuſcités, du moins l'écriture ne nous l'apprend pas.

merveilleux, que la divinité envoyoit aux hommes qu'elle vouloit favoriser, afin d'être leurs guides, leurs protecteurs, leurs dieux tutélaires. D'où l'on voit que les bons anges sont dans l'imagination des chrétiens, ce que les Nymphes, les Lares, les Pénates, étoient dans l'imagination des Payens, & ce que les *Fées* étoient pour nos faiseurs de romans.

Les êtres inconnus de la seconde espece furent désignés sous le nom de *Démons*, de *Diables*, d'*Esprits malins* : on les regarda comme les ennemis du genre humain, les tentateurs des hommes, des séducteurs perpétuellement occupés à les faire tomber dans le péché. Les chrétiens leur attribuent un pouvoir extraordinaire, la faculté de faire des miracles semblables à ceux du Très-Haut, & surtout une puissance qui balance la sienne, & qui parvient à rendre tous ses projets inutiles. En effet, quoique la religion chrétienne n'accorde point formellement au démon la même puissance qu'à Dieu, elle suppose néanmoins que cet esprit malfaisant empêche les hommes de parvenir au bonheur que la divinité bienfaisante leur destiné, & conduit le plus grand nombre à la perdition : en un mot, d'après les idées du christianisme, l'empire du diable est bien plus étendu que celui de l'être suprême; celui-ci réussit à peine à sauver quelques élus, tandis que l'autre mene à la damnation la foule immense de ceux qui n'ont point la force de résister à ses inspirations dangereuses. Qui ne voit pas que *Satan*, que le démon, qui est un objet de terreurs pour les chrétiens, est emprunté du dogme des deux principes admis jadis en Egypte & dans tout l'Orient ? l'Orosmade & l'Aharimane des Perses & des Chaldéens, ont sans doute fait naître la guerre continuelle qui subsiste entre le Dieu des chrétiens & son redoutable adversaire. C'est par ce système, que les hommes ont cru se rendre compte des biens & des maux qui leur arrivent. Un diable tout puissant sert à justifier la divinité des malheurs nécessaires & peu mérités qui affligent le genre humain.

Tels sont les dogmes effrayans & mystérieux sur lesquels les chrétiens sont d'accord; il en est plusieurs autres qui sont propres à des sectes particulieres. C'est ainsi qu'une secte nombreuse du christianisme admet un lieu intermédiaire sous le nom du purgatoire, où des ames moins criminelles que celles qui ont mérité l'enfer, sont reçues pour un tems, afin d'expier, par des supplices rigoureux, les fautes commises en cette vie; elles sont ensuite admises au séjour de l'éternelle félicité. Ce dogme visiblement emprunté des réveries de Platon est entre les mains des prêtres de l'Eglise Romaine, une source intarissable de richesses, vu qu'ils se sont arrogé le pouvoir d'ouvrir les portes du purgatoire, & qu'ils prétendent que leurs prieres puissantes sont capables de modérer la rigueur des décrets divins, & d'abréger les tourmens des ames qu'un Dieu juste a condamnées à ce séjour malheureux*.

Ce qui précéde nous prouve que la religion chrétienne n'a point laissé manquer

* Il est évident que c'est à Platon que les Catholiques Romains sont redevables de leur *purgatoire*. Ce Philosophe exalté divise les ames des hommes en *pures*, en *guérissables*, & en *incurables*. Les premieres qui avoient appartenu à des justes, retournoient par réfusion à l'ame universelle du monde, c'est-à-dire, à la divinité, dont elles étoient émanées; les secondes alloient aux enfers, où tous les ans elles passoient en revue devant les juges de cet empire ténébreux; ceux-ci laissoient retourner à la lumiere les ames qui avoient suffisamment expié leurs fautes : enfin, les ames incurables restoient dans le tartare, où elles étoient tourmentées pour toujours. Platon ainsi que les casuistes chrétiens, indique les crimes ou les fautes qui méritoient ces différens degrés de chatimens.

Les Docteurs protestans, jaloux sans doute des richesses du clergé catholique, ont eû l'imprudence de rejetter le dogme du purgatoire; par où ils ont beaucoup diminué leur propre crédit. Il eut peut-être été plus sage de bannir le dogme de l'enfer, d'où rien ne peut tirer les ames, que celui du purgatoire, qui est beaucoup moins revoltant, & dont les prêtres ont la faculté de faire sortir pour de l'argent.

ses sectateurs d'objets de crainte & de terreur; c'est en faisant trembler les hommes, qu'on parvient à les rendre soumis & à troubler leur raison *.

CHAPITRE IX.

Des rites, des cérémonies mystérieuses, ou de la Théurgie des Chrétiens*.

SI les dogmes enseignés par la religion chrétienne sont des mysteres inaccessibles à la raison ; si le Dieu qu'elle annonce, est un Dieu inconcevable, nous ne devons pas être surpris de voir que dans ses rites & ses cérémonies, cette religion conserve un ton inintelligible & mistérieux. Sous un Dieu qui ne s'est révélé que pour confondre la raison humaine, tout doit être

*Mahomet a senti de même que les docteurs chrétiens la nécessité d'effrayer les hommes, pour prendre de l'empire sur eux. ,, Ceux, dit-il dans ,, l'Alcoran, qui ne croyent point seront revêtus ,, d'un habit de feu ; on versera de l'eau bouillante ,, sur leurs têtes : leurs entrailles & leurs peaux se- ,, ront mises en dissolution, & ils seront frappés ,, avec des massues de fer. Toutes les fois qu'ils s'ef- ,, forceront de sortir de l'enfer, pour se soustraire ,, à leurs tourmens. on les y entrainera de nouveau, ,, & les démons leur diront : *goutez la douleur* ,, *d'être brulés*". Voyez *l'Alcoran*, *ch*. 8.

* La Théurgie est cette sorte de magie, qui se faisoit à l'aide des esprits bienfaisans.

incompréhensible, tout doit mettre le bon sens en défaut.

La cérémonie la plus importante du christianisme & sans laquelle nul homme ne peut être sauvé s'appelle le *Baptême*; elle consiste à verser de l'eau sur la tête d'un enfant, ou d'un adulte, en invoquant la Trinité. Par la vertu mystérieuse de cette eau, & des paroles qui l'accompagnent, l'homme est spirituellement *régénéré*; il est lavé des souillures transmises de race en race, depuis le premier pere du genre humain; en un mot, il devient enfant de Dieu, & susceptible d'entrer dans sa gloire, lorsqu'il sortira de ce monde. Cependant, suivant les chrétiens, l'homme ne meurt qu'en conséquence du péché d'Adam ; & si par le baptême, ce péché est effacé, comment arrive-t-il que les chrétiens soient sujets à la mort ? On nous dira peut-être que c'est de la mort spirituelle & non de la mort du corps, que J. C. a délivré les hommes ; mais cette mort spirituelle n'est autre chose que le péché ; & dans ce cas, comment peut il se faire que les chrétiens continuent à pécher, comme s'ils n'avoient point été rachetés & délivrés de péché ? D'où l'on voit que le baptême est un mystere impénétrable à la raison, dont l'expérience dément l'efficacité*.

* La cérémonie du baptême se pratiquoit dans les mysteres de Mythras ; les initiés étoient par-là

Dans quelques sectes chrétiennes, un Evêque ou un Pontife, en prononçant des paroles, & appliquant un peu d'huile sur le front, fait descendre l'esprit saint sur un jeune homme, ou un enfant ; par cette cérémonie, le chrétien est confirmé dans sa foi, & reçoit invisiblement une foule de graces du Tres-Haut.

Ceux de tous les chrétiens qui par le renoncement le plus parfait à leur raison entrent le plus dans l'esprit de leur religion inconcevable, non contens des mysteres qui leur sont communs avec les autres sectes, en admettent un surtout, qui est propre à causer la plus étrange surprise, c'est celui de la *Transubstantiation*. A la voix redoutable d'un prêtre, le Dieu de l'univers est forcé de descendre du séjour de sa gloire, pour se changer en pain, & ce pain, devenu Dieu, est l'objet des adorations d'un peuple qui se vante de détester l'idolatrie*.

régénérés. Ce Mythras étoit aussi un médiateur. Quoique les docteurs chrétiens regardent le Baptême comme nécessaire au salut, nous voyons cependant que S. Paul ne vouloit point faire baptiser les Corinthiens. On voit aussi qu'il circoncit Timothée.

* Les Brames de l'Indostan distribuent du ris dans leurs pagodes : cette distribution se nomme *Prajadam*, ou Eucharistie. Les Mexiquains croyent une sorte de transubstantiation. Le F. Acosta en fait mention ; *l. V. chap. 24 de ses voyages*. Ainsi, les Catholiques romains ne sont pas les seuls qui aien

Dans les cérémonies puériles auxquelles l'enthousiasme des chrétiens attache le plus grand prix, l'on ne peut s'empêcher de voir des vestiges très-marqués de la *Théurgie* pratique chez les peuples orientaux. La divinité, forcée par le pouvoir magique de quelques paroles accompagnées de cérémonies, obéit à la voix de ses prêtres, ou de ceux qui savent le secret de la faire agir, & sur leurs ordres elle opére des merveilles. Cette sorte de magie est perpétuellement exercée par les prêtres du christianisme : ils persuadent à leurs disciples, que des formules reçues par tradition, que des actes arbitraires, que des mouvemens du corps sont capables d'obliger ce Dieu de la nature à suspendre ses loix, à se rendre à leurs vœux, à répandre ses graces. Ainsi dans cette religion, le prêtre acquiert le droit de comman-

donné dans cette extravagance. Cicéron croyoit l'esprit humain incapable de pousser le délire jusqu'à manger son Dieu. V. *de Divinatione lib. II.* Les Protestans ont eu assez de courage pour rejetter ce mystere, quoiqu'il soit peut-être le plus formellement établi par Jesus Christ, qui dit positivement : *prenez & mangez, car ceci est mon corps.* Averroés disoit : *Anima mea sit cum philosophis, non verò cum christianis, gente stolidissimâ qui Deum faciunt & comedunt.* Les Péruviens avoient une paque, dans laquelle on immoloit un agneau, dont on meloit le sang avec de la farine, pour le distribuer au peuple. V. *Alnetana quæst. lib. II. cap. 20. § 6.*

der à Dieu lui-même ; c'est sur cet empire qu'il exerce sur son Dieu ; c'est sur cette théurgie véritable, ou sur ce commerce mystérieux de la terre avec le ciel, que sont fondées les cérémonies ridicules & puériles que les chrétiens appellent *Sacremens*. Nous avons déja vu cette théurgie dans le baptême, dans la confirmation, dans l'Euchariftie ; nous retrouvons encore dans la pénitence, c'est-à-dire, dans le pouvoir que s'arrogent les prêtres de quelques sectes, de remettre au nom du ciel, les péchés qu'on leur a confessés. Même théurgie dans l'ordre, c'est-à-dire, dans les cérémonies qui impriment à quelques hommes un caractere sacré, qui les distingue des prophanes mortels. Même théurgie dans ces fonctions & dans ces rites, qui fatiguent les derniers instans d'un mourant. Même théurgie dans le mariage, où le chrétien suppose que cette union naturelle ne pourroit être approuvée du ciel, si les cérémonies d'un prêtre ne la rendoient valide, & ne lui procuroient la sanction du Tout-puissant*.

En un mot, nous voyons cette magie blanche, ou théurgie dans les prieres, les formules, la lithurgie, & dans toutes les cérémonies des chrétiens, nous la trouvons

* Chez les Catholiques romains, les Sacremens sont au nombre de sept, nombre cabalistique, magique & mystérieux.

dans l'opinion qu'ils ont, que des paroles disposées de certaine maniere, peuvent altérer les volontés de leur Dieu, & l'obliger à changer ses décrets immuables. Elle montre son efficacité dans ses exorcismes, c'est-à-dire, dans les cerémonies par lesquelles, à l'aide d'une eau magique, & de quelques paroles, on croit expulser les esprits malins qui infestent le genre humain. L'eau bénite, qui chez les chrétiens a pris la place de l'eau lustrale des Romains; posséde, selon eux, les vertus les plus étonantes; elle rend sacrés les lieux & les choses, qui étoient auparavant prophanes. Enfin, la théurgie chrétienne employée par un Pontife dans le sacre des Rois, contribue à rendre les chefs des nations plus respectable, & l'eau imprime un caractere tout divin.

Ainsi, tout est mystere, tout est magie, tout est incompréhensible dans les dogmes, ainsi que dans le culte d'une religion révélée par la divinité qui vouloit tirer le genre humain de son aveuglement.

CHAPITRE X.

Des Livres sacrés des Chrétiens.

La religion chrétienne pour montrer son origine céleste, fonde ses titres sur des livres qu'elle regarde comme sacrés, &

comme inspirés par Dieu lui-même. Voyons donc si ses prétentions sont fondées; examinons si ces ouvrages portent réellement le caractere de la sagesse, de l'omniscience, de la perfection, que nous attribuons à la Divinité.

La Bible qui fait l'objet de la vénération des chrétiens, dans laquelle il n'y a pas un mot qui ne soit inspiré, & formé par l'assemblage peu compatible des livres sacrés des Hébreux, connus sous le nom de *l'ancien Testament*, combinés avec des ouvrages plus récens, pareillement inspirés aux fondateurs du christianisme, connus sous le nom du *nouveau Testament*. A la tête de ce recueil, qui sert de fondement & de code à la religion chrétienne, se trouvent cinq livres attribués à Moise, qui, en les écrivant, ne fut, dit-on, que le sécrétaire de la divinité. Il y remonte à l'origine des choses; il veut nous initier au mystere de la création du monde, tandis qu'il n'en a lui-même que des idées vagues & confuses, qui décelent à chaque instant une ignorance profonde des loix de la Physique. Dieu crée le soleil, qui est, pour notre systême planétaire, la source de la lumiere, plusieurs jours après avoir créé la lumiere. Dieu qui ne peut être représenté par aucune image, crée l'homme à son image; il le crée *mâle* & *femelle*, & bientôt oublie ce qu'il a fait, il crée la femme avec une des côtes de l'homme; en un mot, dès l'entrée de la bible, nous ne voyons que de l'ignorance & des contradictions*. Tout nous prouve que la cosmogonie des Hébreux n'est qu'un tissu de fables & d'allégories, incapable de nous donner aucune idée des choses, & qui n'est propre qu'à contenter un peuple sauvage, ignorant & grossier, étranger aux sciences, au raisonnement.

Dans le reste des ouvrages, attribués à Moïse, nous verrons une foule d'histoires improbables & merveilleuses, un amas de loix ridicules & arbitraires; enfin l'auteur conclut par y rapporter sa propre mort. Les livres postérieurs à Moïse ne sont pas moins remplis d'ignorance; Josué arrête le soleil, qui ne tourne point; Samson, l'Hercule des Juifs, a la force de faire tomber un temple... On ne finiroit point, si on vouloit relever toutes les bévues & les fables, que montrent tous les passages d'un ouvrage qu'on a le front d'attribuer à l'Esprit S. Toute l'histoire des Hébreux ne nous présente qu'un amas indignes de la gravité de l'histoire &

---

* S. Augustin avoue qu'il n'y a pas moyen de conserver le vrai sens des trois premiers chapitres de la Genese, sans blesser la piété, sans attribuer à Dieu des choses indignes à lui, & qu'il faut recourir à l'allégorie. V. S. *Aug. de Genesi, contra Manichæos. L. I. cap.* 2. Origene convient aussi que, si l'on prend à la lettre l'histoire de la création, elle est absurde & contradictoire. V. *Philos*, *p.* 2.

de la majesté de la divinité ; ridicule aux yeux du bon sens, elle ne paroit inventée que pour amuser la crédulité d'un peuple enfant & stupide.

Cette compilation informe est entremêlée des oracles obscurs & décousus, dont différens inspirés, ou prophêtes, ont successivement repu la superstition des Juifs. En un mot, dans l'ancien testament tout respire l'enthousiasme, le fanatisme, le délire, souvent ornés d'un langage pompeux ; tout s'y trouve, à l'exception du bon sens, de la bonne logique, de la raison, qui semblent être exclus opiniâtrement du livre qui sert de guide aux Hébreux & aux Chrétiens.

On a déja fait sentir les idées abjectes & souvent absurdes, que ce livre nous donne de la divinité ; elle y paroit ridicule dans toute sa conduite : elle y souffle le froid & le chaud ; elle s'y contredit à chaque instant ; elle agit avec imprudence ; elle se repent de ce qu'elle a fait ; elle édifie d'une main, pour détruire de l'autre ; elle retracte la voix d'un prophête, ce qu'elle a fait dire par un autre : si elle punit de mort toute la race humaine, pour le péché d'un seul homme, elle annonce par Ezéchiel qu'elle est juste, & qu'elle ne rend point les enfans responsables des iniquités de leurs peres. Elle ordonne aux Israëlites par la voix de Moïse, de voler les Egyptiens ; elle leur défend dans le décalogue ;

publié par la loi de Moïse, le vol & l'assassinat : en un mot, toujours en contradiction avec lui-même, Jéhovah, dans le livre inspiré par son esprit, change avec les circonstances, ne tient jamais une conduite uniforme, & se peint souvent sous les traits d'un tiran, qui feroient rougir les méchans les plus décidés.

Si nous jettons les yeux sur le nouveau testament, nous ne verrons pareillement rien qui annonce cet esprit de vérité que l'on suppose avoir dicté cet ouvrage. Quatre historiens ou fabulistes ont écrit l'histoire merveilleuse du Messie ; peu d'accord sur les circonstances de sa vie, ils se contredisent quelquefois de la façon la plus palpable. La généalogie du Christ donnée par S. Matthieu, ne ressemble point à celle que nous donne St. Luc ; un des Evangélistes le fait voyager en Egypte, un autre ne parle aucunement de cette fuite ; l'un fait durer sa mission, l'autre ne la suppose que de trois mois. Nous ne les voyons pas plus d'accord sur les circonstances des faits qu'ils rapportent. S. Marc dit que Jésus mourut à la troisième heure, c'est-à-dire à neuf heures du matin ; S. Jean dit qu'il mourut à la sixieme heure, c'est-à-dire à midi. Selon S. Matthieu & S. Marc, les femmes, qui après la mort de Jésus allerent à son sépulcre ne virent qu'un seul ange ; selon S. Luc & S. Jean, elles en virent deux. Ces anges étoient, suivant les uns, en de-

H.

hors; & suivant d'autres en dedans du tombeau. Plusieurs miracles de Jésus sont encore diversement rapportés par ces Evangélistes, témoins ou inspirés. Il en est de même de ses apparitions après sa résurrection. Toutes ces choses ne semblent-elles pas devoir nous faire douter de l'infaillibilité des Evangélistes, & de la réalité de leurs inspirations divines ? Que dirons-nous des prophéties fausses, & non existantes, appliquées dans l'évangile à Jésus ? C'est ainsi que S. Matthieu prétend que Jérémie a prédit que le Christ *seroit trahi pour trente pieces d'argent,* tandis que cette prophétie ne se trouve pas dans Jérémie. Rien de plus étrange que la façon dont les docteurs chrétiens se tirent de ces difficultés. Leurs solutions ne sont faites que pour contenter des hommes qui se font un devoir de demeurer dans l'aveuglement*.

* Théophilacte dit que rien ne prouve plus sûrement la bonne foi des Evangélistes, que de ne s'être pas accordés dans tous les points; ,, car, sans ,, cela, dit-il, on auroit pu les soupçonner d'avoir ,, écrit de concert". V. *Theoph. proemium in Matthæum.* S. Jérôme dit lui-même que les citations de S. Matthieu ne s'accordent point avec la version grecque de la Bible. *Quanta sit inter Matthæum & Septuaginta, verborum, ordinisque discordia, sic admiraberis, si Hebraicum videas, sensus contrarius est* V. *Hier. de opt. gent. interpret.* Erasme est forcé de convenir, que l'esprit divin permet t aux Apôtres de s'égarer. *Spiritus ille divinus, mentium apostolicarum moderator, passus est suos igno-*

(115)

Tout homme raisonnable sentira que toute l'industrie des sophismes ne pourra jamais concilier des contradictions si palpables, & les efforts des interprêtes ne lui prouveront que la foiblesse de leur cause. Est-ce par des subterfuges, des subtilités & des mensonges, que l'on peut servir la Divinité ?

Nous retrouvons les mêmes contradictions, les mêmes erreurs dans les pompeux galimathias attribués à S. Paul. Cet homme rempli de l'esprit de Dieu, ne montre dans ses discours & dans ses épitres, que l'enthousiasme d'un forcéné. Les commentaires les plus étudiés ne peuvent mettre à portée d'entendre, ou de concilier les contradictions décousues, dont tous ses ouvrages sont remplis, ni les incertitudes de sa conduite, tantôt favorable, tantôt opposée au judaïsme*.

rare quædam, & *labi*, &c. *In Matthæum* 1. *cap.* 6. En général, il faut avoir une foi bien robuste, si la lecture de S. Jérôme ne suffit point, pour détromper de l'écriture sainte.

* S. Paul nous apprend lui-même, qu'il a été ravi au troisieme ciel. Comment ? Pourquoi ! Et qu'y a-t-il appris ? *Des choses ineffables, & que l'homme ne peut pas comprendre*. A quoi pouvoit donc servir son voyage merveilleux ? Mais comment s'en rapporter à S. Paul, qui, dans les actes des Apôtres, se rend coupable d'un mensonge, lorsqu'il assure devant le grand prêtre, qu'on le persécute, *parce qu'il est pharisien*, & *à cause de la résurrection des morts*; ce qui renferme deux faussetés. 1. Parce que S. Paul, dans ce tems, étoit l'Apôtre le plus

On ne pourroit tirer plus de lumieres des autres ouvrages attribués aux Apôtres. Il sembleroit que ces personnages, inspirés par la divinité, ne sont venus sur la terre, que pour empêcher leurs disciples de rien comprendre à la doctrine qu'ils leur vouloient enseigner.

Enfin, le recueil qui compose le nouveau testament est terminé par le livre mystique, connu sous le nom d'*Apocalypse de S. Jean*, ouvrage inintelligible, dont l'auteur a voulu renchérir sur toutes les idées lugubres & funestes contenues dans la Bible; il y montre au genre humain affligé la perspective prochaine du monde prêt à périr; il remplit l'imagination des chrétiens d'idées affreuses, très-propres à les faire trembler, à les dégoûter d'une vie périssable, à les rendre inutils ou nuisibles à la société. C'est ainsi que le

zélé du christianisme, & par conséquent chrétien.
2. Parce qu'il ne s'agissoit aucunement de la résurrection dans les griefs dont on l'accusoit. Voyez les *actes des Apôtres*, chap. 23. v. 6. Si les Apôtres mentent, comment s'en rapporter à leurs discours? D'un autre côté, nous voyons ce grand Apôtre changer à chaque instant d'avis & de conduite. Au concile de Jérusalem, il résiste en face à S. Pierre dont l'avis favorisoit le judaïsme tandis que par la suite, il se conforme lui-même aux rites des Juifs. Enfin, il se prête continuellement aux circonstances, il se fait tout à tous. Il paroit avoir donné l'exemple aux Jésuites, de la conduite qu'on leur reproche de tenir dans les Indes vis-à-vis des Idolâtres, dont ils allient le culte à celui de Jésus-Christ

fanatisme termine dignement une compilation révérée des chrétiens, mais ridicule & méprisable pour l'homme sensé ; indigne d'un Dieu plein de sagesse & de bonté ; détestable pour quiconque considérera les maux qu'elle a faits à la terre.

Enfin, les chrétiens ayant pris, pour regle de leur conduite & de leurs opinions, un livre tel que la bible, c'est-à-dire un ouvrage rempli de fables effraiantes, d'idées affreuses de la Divinité, de contradictions frappantes, n'ont jamais pu savoir à quoi s'en tenir ; n'ont jamais pu s'accorder sur la façon d'entendre les volontés d'un Dieu changeant & capricieux, & n'ont jamais su précisément ce que ce Dieu exigeoit d'eux : ainsi ce livre obscur fut pour eux une pomme de discorde, une source intarissable de querelles, un arsenal, dans lequel les partis les plus opposés se pourvurent également d'armes. Les géométres n'ont aucune dispute sur les principes fondamentaux de leur science ; par quelle fatalité, le livre révélé des chrétiens qui renferme les fondemens de leur religion divine, d'où dépend leur félicité éternelle, est il inintelligible & sujet à des disputes, qui si souvent ont ensanglanté la terre ? A en juger par les effets, un tel livre ne devroit-il pas plutôt être regardé comme l'ouvrage d'un génie malfaisant, de l'esprit de mensonge & de ténèbres, que d'un Dieu qui s'intéresse à la conservation & au bonheur des hommes, & qui veut les éclairer ?

CHAPITRE XI.
De la Morale Chrétienne.

SI l'on s'en rapportoit aux docteurs des chrétiens, il sembleroit qu'avant la venue du fondateur de leur secte, il n'y ait point eu de vraie morale sur la terre; ils nous dépeignent le monde entier comme plongé dans les ténèbres & dans le crime : cependant la morale fut toujours nécessaire aux hommes; une société sans morale ne peut subsister. Nous voyons, avant Jesus-Christ, des nations florissantes, des philosophes éclairés, qui ont sans cesse rappellé les hommes à leurs devoirs; en un mot, nous trouvons dans Socrate, dans Confusius, dans les Gymnosophites Indiens, des maximes qui ne le cédent en rien à celles du Messie des Chrétiens. Nous trouvons dans le paganisme des exemples d'équité, d'humanité, de patriotisme, de tempérance, de desintéressement, de patience, de douceur qui démentent hautement les prétentions du christianisme, & qui prouvent qu'avant son fondateur, il existoit des vertus bien plus réelles que celles qu'il est venu nous enseigner.

Falloit-il une révélation surnaturelle aux

hommes, pour leur apprendre que la justice est nécessaire pour maintenir la société, que l'injustice ne rapprocheroit que des ennemis prêts à se nuire? Falloit-il qu'un Dieu parlât, pour leur montrer que des êtres rassemblés ont besoin de s'aimer & de se prêter des secours mutuels? Falloit il des secours d'en haut, pour découvrir que la vengeance est un mal, est un outrage aux loix de son pays, qui, lorsqu'elles sont justes, se chargent de venger les citoyens? Le pardon des injures n'est-il pas une suite de ces principes, & les haines ne s'éternisent-elles point, lorsque l'on veut exercer une vengeance implacable? Pardonner à ses ennemis, n'est-il pas l'effet d'une grandeur d'ame qui nous donne de l'avantage sur celui qui nous offense? Faire du bien à nos ennemis, ne nous donne-t-il pas de la supériorité sur eux? Cette conduite n'est-elle pas propre à nous en faire des amis? Tout homme, qui veut se conserver, ne sent-il pas que les vices, l'intempérance, la volupté, mettent ses jours en danger? Enfin, l'expérience n'a-t-elle pas prouvé à tout être pensant, que le crime est l'objet de la haine de ses semblables, que le vice est nuisible à ceux mêmes qui en sont infectés que la vertu attire de l'estime & de l'amour à ceux qui la cultivent? Pour peu que les hommes réfléchissent sur ce qu'ils sont, sur leurs vrais intérêts, sur le but de la société, ils sentiront ce qu'ils se doivent les uns les autres. De bonnes loix les forceront d'être bons, & ils n'auront pas besoin que l'on fasse descendre du ciel des régles nécessaires à leur bonheur. La raison suffit pour nous enseigner nos devoirs envers les êtres de notre espece. Quel secours peut-elle tirer de la religion, qui, sans cesse, la contredit & la dégrade ?

On nous dira sans doute, que la religion, loin de contredire la morale, lui sert d'appui, & rend ses obligations plus sacrées en leur donnant la sanction de la divinité. Je réponds que la religion chrétienne, loin d'apuyer la morale, la rend chancelante & incertaine. Il est impossible de la fonder solidement sur les volontés positives d'un Dieu changeant, partial, capricieux, qui, de la même bouche ordonne la justice & l'injustice, la concorde & le carnage, la tolérance & la persécution. Je dis qu'il est impossible de suivre les préceptes d'une morale raisonnable sous l'empire d'une religion qui fait un mérite du zélé, de l'enthousiasme, du fanatisme le plus destructeur. Je dis qu'une religion qui nous ordonne d'imiter un despote qui se plait à tendre des pieges à ses sujets, qui est implacable dans ses vengeances, qui veut qu'on extermine tous ceux qui ont le malheur de lui déplaire, est incompatible avec toute morale. Les crimes dont le christianisme, plus que toutes les autres religions, s'est souillé, n'ont eu pour prétexte que de plaire au Dieu farouche qu'il a reçu des Juifs. Le caractere moral de ce Dieu doit nécessairement régler la conduite de ceux qui l'adorent. Si ce Dieu est changeant, ses adorateurs changeront, leur morale sera flottante, & leur conduite arbitraire suivra leur temperament.

Cela peut nous montrer la source de l'incertitude où sont les chrétiens quand il s'agit d'examiner s'il est plus conforme à l'esprit de leur religion de tolerer que de persécuter ceux qui different de leurs opinions. Les deux partis trouvent également dans la Bible des ordres précis de la divinité, qui autorisent une conduite si opposée. Tantôt Jehovach déclare qu'il hait les peuples idolatres, & qu'on doit les exterminer ; tantôt Moïse défend de *maudire les Dieux des nations;* tantôt le fils de Dieu défend la persécution, après avoir dit lui-même qu'il faut contraindre les hommes *d'entrer dans son royaume.* Cependant l'idée d'un Dieu sévere & cruel,

---

* Le bon Roi S. Louis disoit à son ami Joinville que „ quand un laïc entendoit médire de la reli„ gion chrétienne, il devoit la défendre non seu„ lement de paroles, mais à bonne épée tranchan„ te, & en frapper les médisans & les méchans à „ travers le corps, tant qu'elle put entrer". Voyez le *Joinville publié par Ducange*, page 2.

faisant des impressions bien plus fortes & plus profondes dans l'esprit que celles d'un Dieu débonnaire, les vrais chrétiens se sont presque toujours crus forcés de montrer du zele contre ceux qu'ils ont supposés ennemis de leur Dieu. Ils se sont imaginés qu'on ne pouvoit l'offenser en mettant trop de chaleur dans sa cause : quelles que fussent les ordres d'ailleurs, ils ont presque toujours trouvé plus sûr pour eux de persécuter, de tourmenter, d'exterminer ceux qu'ils regardoient comme les objets du courroux céleste. La tolérance n'a été admise que par les chrétiens laches & peu zelés, d'un tempérament peu analogue au Dieu qu'ils servoient.

Un vrai chrétien ne doit-il pas sentir la nécessité d'être féroce & sanguinaire, quand on lui propose pour exemples les saints & les héros de l'ancien testament ? ne trouve-t-il pas des motifs pour être cruel, dans la conduite de Moïse, ce législateur qui fait couler par deux fois le sang des Israélites, & qui fait immoler à son Dieu plus de quarante mille victimes ? Ne trouve-t-il pas dans la perfide cruauté de Phinée, de Jahel, de Judith, de quoi justifier la sienne ? Ne voit-il pas dans David, ce modele achevé des Rois, un monstre de barbarie, d'infamies, d'adulteres & de revoltes, qui ne l'empêchent point d'être un homme selon le cœur de Dieu ? En un mot, tout dans la Bible semble annoncer au chrétien que c'est par un zele furieux que l'on peut plaire à la divinité, & que ce zele suffit pour couvrir tous les crimes à ses yeux.

Ne soyons donc point surpris de voir les chrétiens se persécuter sans relache les uns les autres ; s'ils furent tolérans, ce ne fut que lorsqu'ils furent eux-mêmes persécutés ou trop foibles pour persécuter les autres ; dès qu'ils eurent du pouvoir, ils se firent sentir à ceux qui n'avoient point les mêmes opinions qu'eux sur tous les points de leur religion. Depuis la fondation du christianisme nous voyons différentes sectes aux prises ; nous voyons les chrétiens se hair, se diviser, se nuire & se traiter réciproquement avec la cruauté la plus recherchée ; nous voyons des Souverains, imitateurs de David, se prêter aux fureurs de leurs prêtres en discorde, & servir la divinité par le fer & par le feu ; nous voyons les Rois eux-mêmes devenir les victimes d'un fanatisme religieux, qui ne respecte rien quand il croit obéir à son Dieu.

En effet, la religion qui se vantoit d'apporter la concorde & la paix, a depuis 18 siécles causé plus de ravages, & fait répandre plus de sang que toutes les superstitions du paganisme. Il s'éleva un mur de division entre les citoyens de mêmes Etats ; l'union & la tendresse furent bannies des familles ; on se fit un devoir d'être injuste &

inhumain. Sous un Dieu assez inique pour s'offenser des erreurs des hommes, chacun devint inique, sous un Dieu jaloux & vindicatif, chacun se crut obligé d'entrer dans ses querelles & de venger ses injures ; enfin, sous un Dieu sanguinaire, on se fit un mérite de verser le sang humain.

Tels sont les importans services que la religion chrétienne a rendus à la morale. Qu'on ne nous dise pas que c'est par un honteux abus de cette religion que ces horreurs sont arrivées, l'esprit de persécution & l'intolérance sont de l'esprit d'une religion qui se croit émanée d'un Dieu jaloux de son pouvoir, qui a ordonné formellement le meurtre, dont les amis ont été des persécuteurs inhumains, qui, dans l'excès de sa colere, n'a point épargné son propre fils. Quand on sert un Dieu de cet affreux caractere, on est bien plus sûr de lui plaire, en exterminant ses ennemis, qu'en les laissant en paix offenser leur créateur. Une pareille divinité doit servir de prétexte aux excès les plus nuisibles : le zele de sa gloire sera un voile qui couvrira les passions de toutes les impostures, ou fanatiques, qui prétendront être les interprêtes des volontés du ciel : un Souverain croira se livrer aux plus grands crimes, lorsqu'il croira les laver dans le sang des ennemis de son Dieu.

Par une conséquence naturelle des mêmes

principes, une religion intolérante ne peut être que conditionnellement soumise à l'autorité des Souverains temporels. Un Juif, un chrétien, ne peuvent obéir aux chefs de la société, que lorsque les ordres de ceux-ci seront conformes aux volontés arbitraires, & souvent insensées, de ce Dieu. Mais qui est-ce qui décidera si les ordres des Souverains, les plus avantageux à la société, seront conformes aux volontés de ce Dieu ? Ce seront, sans doute, les ministres de la divinité, les interprêtes de ses oracles, les confidens de ses secrets. Ainsi dans un Etat chrétien, les sujets doivent être plus soumis aux prêtres qu'aux Souverains*. Bien plus, si ce Souverain offense le Seigneur, s'il néglige son culte, s'il refuse d'admettre ses dogmes, s'il n'est point soumis à ses prêtres, il doit perdre le droit de gouverner un peuple dont il met la religion en danger. Que dis-je ? Si la vie d'un tel Souverain est un obstacle au salut de ses sujets, au regne de Dieu, à la prospérité de l'Eglise, il doit être retranché

* Il n'est point de chrétien à qui l'on n'apprenne dès l'enfance, qu'*il vaut mieux obéir à Dieu qu'aux hommes*. Mais obéir à Dieu, n'est jamais qu'obéir aux prêtres. Dieu ne parle plus lui-même, c'est l'Eglise qui parle pour lui : & l'Eglise est un corps de prêtres qui trouve souvent dans la Bible, que les Souverains ont tort, que les loix sont criminelles, que les établissemens les plus sensés sont impies, que la tolérance est un crime.

du nombre des vivans, dès que les prêtres l'ordonnent. Une foule d'exemples nous prouve que les chrétiens ont souvent suivi ces maximes détestables; cent fois le fanatisme a mis les armes aux mains des sujets contre leur légitime Souverain, & porté le trouble dans la société. Sous le christianisme, les prêtres furent toujours les arbitres du sort des Rois; il importa fort peu à ces prêtres que tout fut bouleversé sur la terre, pourvu que la religion fut respectée: les peuples furent rebelles à leurs Souverains, toutes les fois qu'on leur persuada que les Souverains étoient rebelles à leur Dieu. La sedition, le régicide sont faits pour paroître légitimes à des chrétiens zélés, qui doivent obeir à Dieu plutôt qu'aux hommes, & qui ne peuvent sans risquer leur salut éternel, balancer entre le Monarque éternel & les Rois de la terre*.

D'après ces maximes funestes qui décou-

* Les ennemis des Jésuites se sont prévalus contr'eux de ce qu'ils ont imaginé que le meurtre d'un tyran étoit une action louable & legitime: un peu de réflexion suffisoit pour faire sentir que si Aod a bien fait, Jacques Clément n'a point été criminel, & que Ravaillac n'a fait que suivre les lumieres de sa conscience. S. Thomas d'Aquin a formellement prêché le régicide. Voyez *les coups d'Etat, tom. II. p. 33.* Les Princes chrétiens devroient trembler, s'ils réflechissoient aux conséquences des principes de leur religion.

lent des principes du chriſtianiſme, il ne faut point être étonné ſi depuis ſon établiſſement en Europe, nous voyons ſi ſouvent des peuples revoltés, des Souverains ſi honteuſement avilis ſous l'autorité ſacerdotale, des Monarques dépoſés par des prêtres, des fanatiques armés contre la puiſſance temporelle, enfin des Princes égorgés. Les prêtres chrétiens ne trouvoient-ils pas dans l'ancien teſtament leurs diſcours ſéditieux autoriſés par l'exemple? Les rebelles contre les Rois ne furent-ils pas juſtifiés par l'exemple de David? Les uſurpations, les violences, les perfidies, les violations les plus manifeſtes des droits de la nature & des gens, ne ſont-elles pas légitimées par l'exemple du peuple de Dieu & de ſes chefs?

Voila donc l'appui que donne à la morale une religion dont le premier principe eſt d'admettre le Dieu des Juifs, c'eſt-à-dire un tyran, dont les volontés fantaſques anéantiſſent à chaque inſtant les régles néceſſaires au maintien des ſocietés. Ce Dieu crée le juſte & l'injuſte, ſa volonté ſuprême change le mal en bien, & le crime en vertus; ſon caprice renverſe les loix qu'il a lui-même données à la nature; il détruit, quand il lui plait, les rapports qui ſubſiſtent entre les hommes, & diſpenſé lui-même de tout devoir envers les créatures, il ſemble les autoriſer à ne ſuivre aucunes loix certaines, ſinon celles qu'il leur prescrit en différentes circonstances par la voix de ses interprêtes & de ses inspirés. Ceux-ci, quand ils sont les maîtres ne prêchent que la soumission ; quand ils se croient lésés, ils ne prêchent que la revolte; sont-ils trop foibles, ils prêchent la tolérance, la patience, la douceur ; sont-ils plus forts ? ils prêchent la persécution, la vengeance, la rapine, la cruauté. Ils trouvent continuellement dans leurs livres sacrés de quoi autoriser les maximes contradictoires qu'ils débitent ; ils trouvent dans les oracles d'un Dieu peu moral & changeant, des ordres directement opposés les uns aux autres. Fonder la morale sur un Dieu semblable ou sur des livres qui renferment à la fois des loix si contradictoires, c'est lui donner une base incertaine, c'est la fonder sur le caprice de ceux qui parlent au nom de Dieu, c'est la fonder sur le tempérament de chacun de ses adorateurs.

La morale doit être fondée sur des régles invariables ; un Dieu qui détruit ces régles, détruit son propre ouvrage. Si ce Dieu est l'auteur de l'homme, s'il veut le bonheur de ses créatures, s'il s'intéresse à la conservation de notre espece, il voulut que l'homme fut juste, humain, bienfaisant ; jamais il n'a pu vouloir qu'il fut injuste, fanatique & cruel.

Ce qui vient d'être dit peut nous faire connoître ce que nous devons penser de ces docteurs qui prétendent que sans la religion chrétienne nul homme ne peut avoir ni morale ni vertu. La proposition contraire seroit certainement plus vraye, & l'on pourroit avancer que tout chrétien qui se propose d'imiter son Dieu, & de mettre en pratique les ordres souvent injustes & destructeurs, émanés de sa bouche, doit être nécessairement un méchant. Si l'on nous dit que ces ordres ne sont pas toujours injustes, & que souvent les livres sacrés respirent la bonté, l'union, l'équité, je dirai que le chrétien doit avoir une morale inconstante, qu'il sera tantôt bon, tantôt méchant, suivant son intérêt & ses dispositions particulieres. D'où l'on voit que le chrétien conséquent à ses idées religieuses, ne peut avoir de vraie morale, ou doit flotter sans cesse entre le crime & la vertu.

D'un autre coté, n'y a-t-il pas du danger de lier la morale avec la religion ? Au lieu d'étayer la morale, n'est-ce pas lui donner un appui foible & ruineux, que de vouloir la fonder sur la religion ? En effet, la religion ne soutient point l'examen, & tout homme qui aura découvert la foiblesse ou la fausseté des preuves sur lesquelles est établie la religion, sur laquelle on lui dit que la morale est fondée, sera tenté de croire que cette morale est une chimere aussi bien que la religion qui lui sert de base. C'est ainsi que souvent, après avoir secoué le joug de la religion, nous voyons des hommes pervers se livrer à la débauche, à l'intempérance, au crime. Au sortir de l'esclavage de la superstition ils tombent dans une anarchie complette, & se croyent tout permis parce qu'ils ont découvert que la religion n'étoit qu'une fable. C'est ainsi que malheureusement les mots d'incrédule & de libertin sont devenus synonimes. On ne tomberoit point dans ces inconvéniens, si au lieu d'une morale théologique on enseignoit une morale naturelle. Au lieu d'interdire la débauche, les crimes & les vices, parce que Dieu & la religion défendent ces fautes, on devroit dire que tout excès nuit à la conservation de l'homme, le rend méprisable aux yeux de la société, est défendu par la raison; qui veut que l'homme se conserve, est interdit par la nature, qui veut qu'il travaille à son bonheur durable. En un mot, quels que soient les volontés de Dieu, indépendamment des recompenses & des chatimens que la religion annonce pour l'autre vie, il est facile de prouver à tout homme que son intérêt dans ce monde est de ménager sa santé, de respecter les mœurs, de s'attirer l'estime de ses semblables, enfin d'être chaste, tempérant, vertueux. Ceux que leurs passions empêcheront d'écouter ces principes si clairs, fondés sur la raison, ne seront pas plus dociles à la voix d'une religion qu'ils cesseront de croire dès qu'elle s'opposera à leurs penchans déréglés.

Que l'on cesse donc de nous vanter les avantages prétendus que la religion chrétienne procure à la morale ; les principes qu'elle puise dans les livres sacrés tendent à la détruire ; son alliance avec elle ne sert qu'à l'affoiblir : d'ailleurs l'expérience nous montre que les nations chrétiennes ont souvent des mœurs plus corrompues que celles qu'elles traitent d'infidèles & de sauvages ; au moins les premieres sont-elles plus sujettes au fanatisme religieux, passion si propre à bannir des sociétés la justice & les vertus sociales. Contre un mortel crédule que la religion chrétienne retient, elle en pousse des milliers au crime ; contre un homme qu'elle rend chaste, elle fait cent fanatiques, cent persécuteurs, cent intolérans, qui sont bien plus nuisibles à la société que les débauchés les plus impudens, qui ne nuisent qu'à eux-mêmes. Au moins est-il certain que les nations les plus chrétiennes de l'europe ne sont point celles où la vraie morale soit la mieux connue & la mieux observée. Dans l'Espagne, le Portugal, l'Italie, où la secte la plus superstitieuse du christianisme a fixé son séjour, les peuples vivent dans l'ignorance la plus honteuse de leurs devoirs : le vol, l'assassinat, la persécution, la débauche y sont portés à leur comble ; tout y est plein de superstitieux ; on n'y voit que très-peu d'hommes vertueux, & la religion elle-même complice du crime fournit des aziles aux criminels, & leur procure des moyens faciles pour se reconcilier avec la Divinité. Des prieres, des pratiques, des cérémonies, semblent dispenser les hommes de montrer des vertus. Dans les pays qui se vantent de posséder le christianisme dans toute sa pureté, la religion a tellement absorbé l'attention de ses sectateurs, qu'ils méconnoissent entierement la morale, & croyent avoir rempli tous leurs devoirs dès qu'ils montrent un attachement scrupuleux à des minuties religieuses, totalement étrangeres au bonheur de la société.

CHAPITRE XII.
Des Vertus chrétiennes.

CE qui vient d'être dit nous montre déja ce que nous devons penser de la morale chrétienne. Si nous examinons les vertus que le christianisme recommande, nous y trouverons l'empire de l'enthousiasme, nous verrons qu'elles sont peu faites pour l'homme, qu'elles l'enlevent au-dessus de sa sphere, qu'elles sont inutiles à la société, que souvent elles sont pour elle de la plus dangereuse conséquence: enfin, dans les préceptes ou conseils si vantés que J. C. est venu nous donner, nous ne trouverons que des maximes outrées, dont la pratique est impossible, que des régles, qui, suivies à la lettre, nuiront à la société : dans ceux de ces préceptes qui peuvent se pratiquer, nous ne trouverons rien qui ne fût mieux connu des sages de l'antiquité, sans le secours de la révélation.

Suivant le Messie, toute la loi consiste *à aimer Dieu par-dessus toutes choses, & le prochain comme soi même*. Ce précepte est-il possible ? Aimer un Dieu colere, capricieux, injuste, aimer le Dieu des Juifs ! Aimer un Dieu injuste, implacable, qui est assez cruel pour damner éternellement les créatures ! Aimer l'objet le plus redoutable que l'esprit humain ait pû jamais enfanter ! Un pareil objet est-il donc fait pour exciter dans le cœur de l'homme un sentiment d'amour Comment aimer ce que l'on craint ? Comment chérir un Dieu sous la verge duquel on est forcé de trembler ? N'est-ce pas se mentir à soi-même, que de se persuader que l'on aime un être si terrible & si propre à révolter*?

Aimer son prochain comme soi même, est-il bien plus possible ? Tout homme, par sa nature, s'aime par préférence à tous les autres; il n'aime ceux-ci que parce qu'ils contribuent à son propre bonheur ; il a de la ver-

* Sénèque dit avec raison, qu'un homme sensé ne peut craindre les Dieux, vu que personne ne peut aimer ce qu'il craint. *Deos nemo sanus timet, furor enim est metuere salutaria, nec quisquam amat quos timet.* De benef. 4. La Bible nous dit : *Initium sapientia timor Domini*. Ne seroit-ce pas plutôt le commencement de la folie ?

tu dès qu'il fait du bien à son prochain ; il a de la générosité lorsqu'il lui sacrifie l'amour qu'il a pour lui-même ; mais jamais il ne l'aime que pour les qualités utiles qu'il trouve en lui ; il ne peut l'aimer que lorsqu'il le connoit, & son amour pour lui est forcé de se régler sur les avantages qu'il en reçoit.

Aimer ses ennemis est donc un précepte impossible. On peut s'abstenir de faire du mal à celui qui nous nuit ; mais l'amour est un mouvement du cœur qui ne s'excite en nous qu'à la vue d'un objet que nous jugeons favorable pour nous. Les loix justes chez les peuples policés, ont toujours défendu de se venger, ou de faire justice à soi-même ; un sentiment de générosité, de grandeur d'ame, de courage, peut nous porter à faire du bien à qui nous offense ; nous devenons pour lors plus grands que lui, & même nous pouvons changer la disposition de son cœur. Ainsi, sans recourir à une morale surnaturelle, nous sentons que notre intérêt exige que nous étouffions dans nos cœurs la vengeance. Que les chrétiens cessent donc de nous vanter le pardon des injures comme un précepte qu'un Dieu seul pouvoit donner, & qui prouve la divinité de sa morale ; Pythagore, long-tems avant le Messie, avoit dit : *Qu'on ne se vengeât de ses ennemis, qu'en travaillant à en faire des amis ;* & Socrate dit dans Criton : *Qu'il n'est pas permis à un homme qui a reçu une injure de se venger par une autre injure.*

Jesus oublioit sans doute qu'il parloit à des hommes, lorsque pour les conduire à la perfection, il leur dit d'abandonner leurs possessions à l'avidité du premier ravisseur; de tendre l'autre joue pour recevoir un nouvel outrage, de ne point résister à la violence la plus injuste, de renoncer aux richesses périssables de ce monde, de quitter maison, biens, parens, amis, pour le suivre; de se refuser aux plaisirs, même les plus innocens. Qui ne voit, dans ces conseils sublimes, le langage de l'enthousiasme, de l'hyperbole? Ces conseils merveilleux ne sont-ils pas faits pour décourager l'homme, & le jetter dans le désespoir? La pratique littérale de ces choses ne seroit-elle pas destructive pour la société?

Que dirons-nous de cette morale, qui ordonne que le cœur se détache des objets que la raison ordonne d'aimer? refuser le bien être que la nature nous présente, n'est-ce pas dédaigner les bienfaits de la Divinité? Quel bien réel peut-il résulter pour la société de ces vertus farouches & mélancoliques, que les chrétiens regardent comme des perfections? Un homme devient-il bien utile à la société, quand son esprit est perpétuellement troublé par des erreurs imaginaires, par des idées lugubres, par de noires inquiétudes, qui l'empêchent de vaquer à ce qu'il doit à sa famille, à son propre pays, à ceux qui l'entourent? S'il est conséquent à ces tristes principes, ne doit-il pas se rendre aussi insupportable à lui même qu'aux autres?

On peut dire en général que le fanatisme & l'enthousiasme sont la base de la morale du Christ; les vertus qu'il recommande tendent à isoler les hommes, à les plonger dans l'humeur sombre, & souvent à les rendre nuisibles à leurs semblables. Il faut ici bas des vertus humaines, le chrétien ne voit jamais les siennes qu'au-delà du vrai ; il faut à la société des vertus réelles qui la maintiennent, qui lui donnent de l'énergie, de l'activité; il faut aux familles de la vigilance, de l'affection, du travail ; il faut à tous les êtres de l'espece humaine, le desir de se procurer des plaisirs légitimes, & d'augmenter la somme de leur bonheur. Le christianisme est perpétuellement occupé, soit à dégrader les hommes par des terreurs accablantes, soit à les enivrer par des espérances frivoles, sentimens également propres à les détourner de leurs vrais devoirs. Si le chrétien suit à la lettre les principes de son législateur, il sera toujours un membre inutile ou nisible à la société*.

*Malgré les éloges que les chrétiens donnent aux préceptes de leur divin maître, nous en trouvons qui sont totalement contraires à l'équité & à

Quels avantages, en effet, le genre humain peut-il tirer de ces vertus idéales, que les chrétiens nomment *évangéliques, divines, théologales*, qu'ils préférent aux vertus sociales, humaines & réelles, & sans lesquelles ils prétendent qu'on ne peut plaire à Dieu, ni entrer dans sa gloire ? Examinons en détail ces vertus tant vantées ; voyons de quelle utilité elles sont pour la société, & si elles méritent vraiment la préférence qu'on leur donne sur celles que la raison nous inspire comme nécessaires au bien-être du genre humain.

La premiere des vertus chrétiennes, celle qui sert de base à toutes les autres, est *la Foi*; elle consiste dans une conviction impossible des dogmes révélés, des fables absurdes, que le christianisme ordonne à ses disciples de croire. D'où l'on voit que cette vertu exige

la droite raison. En effet, lorsque Jesus dit : *faites-vous des amis dans le ciel avec les richesses acquises injustement*; n'insinue-t-il pas visiblement, qu'on fait bien de voler pour faire l'aumone aux pauvres ? Les interprêtes nous diront, sans doute qu'il parle en parabole : mais il est aisé d'en pénétrer le sens. Au reste, les chrétiens pratiquent très-souvent le conseil de leur Dieu ; beaucoup d'entr'eux volent pendant toute leur vie, pour avoir le plaisir de faire des donations, à la mort, à des monasteres & à des hôpitaux. Le Messie, dans un autre endroit, traite fort mal sa mere, qui le cherchoit. Il ordonne à ses disciples de s'emparer d'un âne. Il noye un troupeau de cochons, &c. En vérité, ces choses ne s'accordent point avec une bonne morale.

un renoncement total au bon sens, un assentiment impossible à des faits improbables, une soumission aveugle à l'autorité des prêtres, seuls garrans de la vérité des dogmes & des merveilles que tout chrétien doit croire sous peine d'être damné.

Cette vertu, quoique nécessaire à tous les hommes, est pourtant un don du ciel, & l'effet d'une grace spéciale; elle interdit le doute & l'examen; elle prive l'homme de la faculté d'exercer sa raison, de la liberté de penser; elle le réduit à l'abrutissement des bêtes, sur des matieres qu'on lui persuade néanmoins être les plus importans à son bonheur éternel. D'où l'on voit que la foi est une vertu inventée par les hommes, qui craignirent les lumieres de la raison, qui voulurent tromper leurs semblables, pour les soumettre à leur propre autorité, qui chercherent à les dégrader, afin d'exercer sur eux leur empire[*]. Si la foi est une vertu, elle n'est, assurément, utile qu'aux guides spirituels des chrétiens, qui seuls en recueillent les fruits. Cette vertu ne peut qu'être funeste au reste des hommes,

---

[*] S. Paul dit: *Fides ex auditu*: ce qui signifie que l'on ne croit que sur des *ouï dire*. La Foi n'est jamais que l'adhésion aux opinions des Prêtres; la foi vive est un pieux entêtement, qui fait que nous ne pouvons imaginer que ces prêtres puissent se tromper eux-mêmes, ni vouloir tromper les autres. La foi ne peut être fondée que sur la bonne opinion que nous avons des lumieres des prêtres.

à qui elle apprend à méprifer la raifon, qui les diftingue des bêtes, & qui feule peut les guider fûrement en ce monde. En effet, le chriftianifme nous repréfente cette raifon comme pervertie, comme un guide infidele, en quoi il femble avouer n'être point fait pour des êtres raifonnables.

Cependant, ne pourroit-on pas demander aux Docteurs chrétiens jufqu'où doit aller ce renoncement à la raifon ? Eux-mêmes, dans certains cas, n'ont-ils pas recours à elle ? N'eft-ce pas à la raifon qu'ils en appellent, quand il s'agit de prouver l'exiftence de Dieu ? Si la raifon eft pervertie, comment s'en rapporter à elle dans une matiere auffi importante que l'exiftance de ce Dieu ?

Quoiqu'il en foit, dire que l'on croit ce qu'on ne conçoit pas, c'eft mentir évidemment; croire fans fe rendre compte de ce que l'on croit, c'eft une abfurdité. Il faut donc péfer les motifs de fa croyance. Mais quels font les motifs du chrétien ? C'eft la confiance qu'il a dans les guides qui l'inftruifent. Mais fur quoi cette confiance eft-elle fondée ? Sur la revélation. Mais fur quoi la révélation eft-elle fondée elle-même ? Sur l'autorité des guides fpirituels. Telle eft la maniere dont les chrétiens raifonnent. Leur argumens en faveur de la foi fe réduifent à dire : *pour croire, il faut avoir de la foi, & pour avoir de la foi, il faut croire à la religion* ; ou bien, il faut avoir déja de la foi, pour croire à la nécessité de la foi *.

La foi disparoît dès qu'on raisonne; cette vertu ne soutient jamais un examen tranquille; voilà ce qui rend les prêtres du christianisme si ennemis de la science. Le fondateur de la religion a déclaré lui même, que sa loi n'étoit faite que pour les simples & pour les enfans. La foi est l'effet d'une grace que Dieu n'accorde gueres aux personnes éclairées & accoutumées à consulter le bon sens, elle n'est faite que pour les hommes qui sont incapables de réflexion, ou pour des êtres invinciblement attachés aux préjugés de l'enfance. La science fut, & sera toujours l'objet de la haine des docteurs chrétiens; ils seroient les ennemis d'eux-mêmes, s'ils aimoient les savans.

Une seconde vertu chrétienne, qui découle de la premiere est l'*Espérance*; fondée sur

* Plusieurs théologiens ont soutenus que la foi, sans les œuvres, suffisoit pour sauver. En général, c'est la vertu dont les prêtres font plus de cas. Elle est sans doute la plus nécessaire à leur existance; il n'est donc pas surprenant qu'ils aient cherché à l'établir par le fer & par le feu. C'est pour maintenir la foi que l'inquisition brûle des hérétiques & des Juifs; c'est pour ramener à la foi, que les Rois & les prêtres persécutent; c'est pour convaincre surement ceux qui n'ont point de foi, que les chrétiens les exterminent. O vertu merveilleuse & digne du Dieu de la bonté! ses ministres punissent les hommes lorsqu'il leur refuse ses graces.

les promesses flatteuses que le christianisme fait à ceux qui se rendent malheureux en cette vie, elle nourrit leur enthousiasme ; elle leur fait perdre de vue le bonheur présent ; elle les rend inutiles à la société ; elle leur fait croire fermement que Dieu recompensera dans le ciel leur inutilité, leur humeur noire, leur haine des plaisirs, leurs mortifications insensées, leurs prieres, leur oisiveté. Comment un homme enivré de ces pompeuses espérances, s'occuperoit-il du bonheur actuel de ceux qui l'environnent, tandis qu'il est indifférent sur le sien-même ? Ne sait-il pas que c'est en se rendant misérable en ce monde, qu'il peut espérer de plaire à son Dieu ? En effet, quelques flatteuses que soient les idées que le chrétien se fait de l'avenir, sa religion les empoisonne par les terreurs d'un Dieu jaloux, qui veut que l'on opére son salut *avec crainte & tremblement* ; qui puniroit sa présomption, & qui le damneroit impitoyablement, s'il avoit eu la foiblesse d'être homme un instant de sa vie.

La troisieme des vertus chrétiennes est la *Charité* ; elle consiste à aimer Dieu & le prochain. Nous avons déja vu combien il est difficile, pour ne pas dire impossible, d'éprouver des sentimens de tendresse pour tout être que l'on craint. On dira sans doute que la crainte des chrétiens est une crainte filiale ; mais les mots ne changent rien à l'essence des choses; la crainte est une passion totalement opposée à l'amour. Un fils qui craint son pere, qui a lieu de se défier de sa colere, qui redoute ses caprices, ne l'aimera jamais sincerement. L'amour d'un chrétien pour son Dieu, ne pourra donc jamais être véritable; c'est en vain qu'il voudra s'exciter à la tendresse pour un maître rigoureux, qui doit effrayer son cœur; il ne l'aimera jamais que comme un tyran, à qui la bouche rend des hommages que le cœur lui refuse. Le dévot n'est pas de bonne foi avec lui-même, quand il prétend chérir son Dieu; sa tendresse est un hommage simulé, semblable à celui que l'on se croit obligé de rendre à des despotes inhumains, qui, même en faisant le malheur de leurs sujets, exigent des marques extérieures de leur attachement. Si quelques ames tendres, à force d'allusions, parviennent à s'exciter à l'amour divin, c'est alors une passion mystique & romanesque, produite par un tempérament échauffé, par une imagination ardente, qui fait qu'elles n'envisagent leur Dieu que du coté le plus riant, & qu'elles ferment les yeux sur ses véritables défauts*. L'amour de Dieu

---

* C'est un tempérament ardent & tendre, qui produit la dévotion mystique. Les femmes hystériques sont communément celles qui aiment Dieu avec le plus de vivacité; elles l'aiment avec emportement, comme elles aimeroient un homme. Les Ste. Thérése, les Madelaine de Pazzy, les Maries à la coque & presque toutes les Religieuses bien dévotes,

n'est pas le mystere le moins inconcevable de notre religion.

La *Charité*, considérée comme l'amour de nos semblables, est une disposition vertueuse & nécessaire. Elle n'est plus alors que cette humanité tendre, qui nous intéresse aux êtres de notre espece, qui nous dispose à leur prêter des secours, qui nous attache à eux. Mais comment concilier cet attachement pour les créatures, avec les ordres d'un Dieu jaloux, qui veut qu'on n'aime que lui, qui est venu séparer le fils d'avec son pere, l'ami d'avec son ami ? Suivant les maximes de l'évangile, ce seroit un crime d'offrir à son Dieu un cœur partagé par quelqu'autre objet terrestre ; ce seroit une idolatrie, de faire entrer la créature en concurrence avec le createur. D'ailleurs, comment aimer des êtres qui offensent continuellement la Divinité, ou qui sont pour nous une occasion continuelle de l'offenser ? Comment aimer des pécheurs ? Aussi, l'expérience nous montre-t-elle, que les dévots, obligés par principes de se haïr eux-mêmes, ne sont que très-peu disposés à mieux traiter les autres, à leur

---

sont dans ce cas. Leur imagination s'égare ; & elles donnent à leur Dieu, qu'elles se peignent sous des traits charmans, la tendresse qu'il ne leur est pas permis de donner à des êtres de notre espece. Il faut de l'imagination pour s'éprendre d'un objet inconnu. Il en faut bien plus encore pour aimer un objet qui n'a rien d'aimable : il faut de la folie pour aimer un objet haïssable.

rendre la vie douce, à leur montrer de l'indulgence. Ceux qui en usent de la sorte ne sont point parvenus à la perfection de l'amour divin. En un mot, nous voyons que ceux qui passent pour aimer le Créateur le plus ardemment, ne sont pas ceux qui montrent le plus d'affection à ses chétives créatures ? nous les voions, au contraire, répandre communément l'amertume sur tout ce qui les environne, relever avec aigreur les défauts de leurs semblables, & se faire un crime de montrer de l'indulgence à la fragilité humaine *.

En effet, un amour sincere, pour la Divinité doit être accompagné de zele ; un vrai Chrétien doit s'irriter, quand il voit offenser son Dieu ; il doit s'armer d'une juste & sainte cruauté, pour réprimer les coupables ; il doit avoir un désir ardent de faire regner la religion. C'est ce zele, dérivé de l'amour divin, qui est la source des persécutions & des fureurs, dont le christianisme s'est tant de fois rendu coupable ; c'est ce zele qui fait des bourreaux,

* Dans les pays les plus chrétiens, les dévots sont ordinairement regardés comme les fléaux des sociétés : la bonne compagnie les craint comme les ennemis de la joye, comme des ennuyeux. Une femme dévote a rarement le talent de se concilier l'amour de son mari, de ses gens. Une religion lugubre & mélancolique ne peut avoir des sectateurs bien aimables. Sous un Dieu triste, il faut être triste comme lui. Les Docteurs chrétiens ont très-judicieusement observé, que *J. C. a pleuré, mais n'a jamais ri,*

ainſi que des martyrs ; c'eſt ce zele qui fait que l'intolérance arrache la foudre des mains du Très-Haut, ſous prétexte de venger ſes injures ; c'eſt ce zele qui fait que les membres d'une même famille, les citoyens d'un même état ſe déteſtent, ſe tourmentent pour des opinions, & ſouvent pour des cérémonies puériles, que le zele fait regarder comme de la derniere importance ; c'eſt ce zele, qui mille fois alluma dans notre Europe ces guerres de religion, ſi remarquables par leur atrocité ; enfin c'eſt ce zele pour la religion qui juſtifia la calomnie, la trahiſon, le carnage, en un mot, les déſordres les plus funeſtes aux ſocietés. Il fut toujours permis d'employer la ruſe, la fourberie, le menſonge, dès qu'il fut queſtion de ſoutenir la cauſe de Dieu*. Les hommes les plus bilieux, les plus coleres, les plus cor-

---

* Le concile œcuménique de Conſtance fit bruler Jean Hus & Jerome de Prague, malgré le ſauf-conduit de l'Empereur. Pluſieurs chrétiens ont enſeigné qu'on ne devoit point garder la foi aux hérétiques. Les Papes ont diſpenſé cent fois des ſermens & des promeſſes faits aux hétérodoxes. L'hiſtoire des guerres de religion, entre les chrétiens, nous montre des trahiſons, des cruautés, des perfidies, dont on n'a point d'exemples dans les autres guerres. Tout eſt juſtifié, quand c'eſt pour Dieu que l'on combat. Nous ne voyons dans ces guerres, que des enfants écraſés contre des murailles, des femmes groſſes éventrées, des filles violées & maſſacrées. Enfin le zele religieux rendit toujours les hommes ingénieux dans leur barbarie.

K

rompus, sont communément les plus zelés ; ils esperent, qu'en faveur de leur zele, le ciel leur pardonnera la dépravation de leurs mœurs & tous leurs autres déréglemens.

C'est par un effet de ce même zele, que nous voyons des chrétiens enthousiastes parcourir les terres & les mers, pour étendre l'empire de leur Dieu, pour lui faire des prosélites, pour lui acquérir de nouveaux sujets. C'est ainsi que par le zele, des missionnaires se croyent obligés d'aller troubler le repos des états qu'ils regardent comme infideles, tandis qu'ils trouveroient fort étrange, s'il venoit dans leur propre pays des missionnaires pour leur annoncer une autre loi*. Lorsque ces propagateurs de la foi eurent la force en mains, ils exciterent, dans leurs conquêtes, les revoltes les plus affreuses, ou bien ils exercerent, sur les peuples soumis, des violences bien propres à leur rendre leur Divinité odieuse. Ils crurent, sans doute, que des hommes à qui leur Dieu étoit si longtems demeuré inconnu, ne pouvoient être que des bêtes sur lesquelles il étoit permis d'exercer les plus

---

* Camhi, Empereur de la Chine, demandoit aux Jésuites, Missionnaires à Pekin : *Que diriez-vous, si j'envoyois des Missionnaires chez vous ?* On sait les revoltes que les Jésuites ont excitées au Japon & en Ethiopie, dont ils ont fait entierement bannir le christianisme. Un saint missionnaire disoit ; *que les missionnaires sans mousquets, n'étoient pas propres à faire des prosélytes.*

grandes cruautés. Pour un chrétien, un infidele ne fut jamais qu'un chien.

C'est apparemment en conséquence des idées judaïques, que les nations chrétiennes ont été usurper les possessions des habitans du nouveau monde. Les Castillans & les Portugais avoient apparemment les mêmes droits pour s'emparer de l'Amérique & de l'Afrique que les Hébreux avoient eus pour se rendre maîtres des terres des Chananéens, pour en exterminer les habitans, ou pour les réduire en esclavage. Un Pontife du Dieu de la justice & de la paix ne s'arrogea-t-il pas le droit de distribuer des empires lointains aux Monarques européens qu'il voulut favoriser ? Ces violations manifestes du droit de la nature & des gens parurent légitimes à des Princes chrétiens, en faveur desquels la religion sanctifioit l'avarice, la cruauté, l'usurpation*.

Enfin le christianisme regarde *l'humilité* comme une vertu sublime ; il lui attache le

---

* S. Augustin nous apprend, que *de droit divin tout appartient aux justes* : maxime qui est elle-même fondée sur un passage des pseaumes, qui dit, que *les justes mangeront le fruit du travail des impies*, Voyez S. *Aug. ép.* 93. On sait que le Pape, par une bulle donnée en faveur du Roi de Castille, d'Arragon & de Portugal, fixe la ligne de *démarcation* qui régloit les conquêtes que chacun d'eux avoit faites sur les infideles. D'après de tels principes, l'univers n'est il pas la proie du brigandage des chrétiens ?

plus grand prix. Il ne falloit pas, sans doute, des lumieres divines & surnaturelles pour sentir que l'orgueil blesse les hommes, & rend desagréables ceux qui le montrent aux autres. Pour peu que l'on réfléchisse, on sera convaincu que l'arrogance, la présomption, la vanité, sont des qualités déplaisantes & méprisables; mais l'humilité du chrétien doit aller plus loin encore, il faut qu'il renonce à sa raison, qu'il se défie de ses vertus, qu'il refuse de rendre justice à ses bonnes actions, qu'il perde l'estime la plus méritée de lui-même. D'où l'on voit que cette prétendue vertu n'est propre qu'à dégrader l'homme, à l'avilir à ses propres yeux, à étouffer en lui toute énergie & tout desir de se rendre utile à la société. Défendre aux hommes de s'estimer eux-mêmes, & de mériter l'estime des autres, c'est briser le ressort le plus puissant qui les porte aux actions grandes, à l'étude, à l'industrie. Il semble que le christianisme ne se propose que de faire des esclaves abjects, inutiles au monde, à qui la soumission aveugle à leurs prêtres tienne lieu de toute vertu.

N'en soyons point surpris, une religion, qui se pique d'être surnaturelle, doit chercher à dénaturer l'homme; en effet, dans le délire de son enthousiasme, elle défend de s'aimer lui-même; elle lui ordonne de haïr les plaisirs, & de chérir la douleur; elle lui fait un mérite des maux volontaires qu'il se fait. De là ces austérités, ces pénitences destructives de la santé, ces mortifications extravagantes, ces privations cruelles, ces pratiques insensées ; enfin ces suicide lents, par lesquels les plus fanatiques des chrétiens croyent mériter le ciel. Il est vrai que tous les chrétiens ne se sentent pas capables de ces perfections merveilleuses ; mais tous, pour se sauver, se croyent plus ou moins obligés de mortifier leurs sens, de renoncer aux bienfaits qu'un Dieu bon leur présente, parce qu'ils supposent que ce Dieu s'irriteroit s'ils en faisoient usage, & ne fait offre de ces biens que pour qu'on s'abstienne d'y toucher. Comment la raison pourroit-elle approuver des vertus destructives de nous-mêmes ? Comment le bon sens pourroit-il admettre un Dieu qui prétend que l'on se rende malheureux, & qui se plaît à contempler les tourmens que s'infligent ses créatures ? Quel fruit la société peut-elle recueillir de ces vertus, qui rendent l'homme sombre, misérable, & incapable d'être utile à la patrie ? La raison & l'expérience, sans le secours de la superstition, ne suffisent-elles donc pas pour nous prouver que les passions & les plaisirs poussés à l'excès, se tournent contre nous-mêmes ; & que l'abus des meilleures choses devient un mal véritable ? Notre nature ne nous force-t-elle pas à la tempérance, à la privation des objets qui peuvent nous nuire ? En un mot, un être qui veut se conserver, ne doit-il pas modérer ses penchans, & fuir ce qui tend à sa destruction*? Il est évident que le christianisme autorise, au moins indirectement, le suicide.

Ce fut en conséquence de ces idées fanatiques, que, surtout dans les premiers tems du christianisme, les deserts & les forêts se sont peuplés de chrétiens parfaits, qui en s'éloignant du monde, priverent leurs familles d'appuis, & leurs patries de citoyens, pour se livrer à une vie oiseuse & contemplative. De-

* Les idées funestes que les hommes ont eues de tout tems de la divinité, jointes au desir de se distinguer des autres par des actions extraordinaires, sont les vrayes sources des pénitences que nous voyons pratiquer dans toutes les parties du monde. Rien de plus étonnant que les pénitences des *Joguis* indiens, auxquels les pénitens chrétiens peuvent à peine se comparer. Les prêtres d'Astarté en Syrie, & de Cybele en Phrigie, se faisoient eunuques; les Pitagoriciens furent ennemis des plaisirs: les Romains eurent des Vestales semblables à nos Religieuses. Peut-être que les idées de la nécessité de faire pénitence pour appaiser la Divinité, sont dérivées de celles qui persuadoient autrefois que Dieu vouloit le sang humain. C'est, sans doute, là-dessus que s'est fondé le sacrifice de Jesus-Christ, qui fut, à proprement parler, un suicide. La religion chrétienne, en admettant un pareil Dieu pour modele, annonce à ses sectateurs qu'ils doivent se détruire eux-mêmes, pour sortir promptement de ce monde pervers. Les martyrs, pour la plûpart, furent de vrais suicides. Les moines de la Trappe, ou de Sept-fonds, s'en rendent également coupables.

là ces légions de moines & de cœnobites, qui sous les étendarts de différens enthousiastes, se sont enrolés dans une milice inutile ou nuisible à l'Etat. Ils crurent mériter le ciel, en enfouissant des talens nécessaires à leurs concitoyens, en se vouant à l'inaction du célibat. C'est ainsi que dans les pays où les chrétiens sont les plus fideles à leur religion, une foule d'hommes, par piété, s'obligent à demeurer toute leur vie inutiles & misérables. Quel cœur assez barbare pour refuser des larmes au sort de ces victimes, tirées d'un sexe enchanteur, que la nature destinoit à faire le bonheur du nôtre ? Dupes infortunées de l'enthousiasme du jeune âge, ou forcées par des vues intéressées d'une famille impérieuse, elles sont pour toujours bannies du monde ; des sermens téméraires les lient pour toujours à l'ennui, à la solitude, à l'esclavage, à la misere ; des engagemens contredits par la nature les forcent à la virginité. C'est en vain qu'un tempérament plus mur reclame tôt ou tard en elles, & les fait gémir sur des vœux imprudens ; la société les punit par l'oubli de leur inutilité, de leur stérilité volontaire ; retranchées des familles, elles passent dans l'ennui, l'amertume & les larmes, une vie perpétuellement genée par des géolieres incommodes & despotiques : enfin isolées, sans secours & sans liens, il ne leur reste que l'affreuse consolation de séduire d'autres victimes, qui partagent avec elles les ennuis de leur solitude, & leur supplice devenu sans remède.

En un mot, le christianisme semble avoir pris à tâche de combattre en tout la nature & la raison: s'il admet quelques vertus, approuvées par le bon sens, il veut toujours les outrer; il ne conserve jamais ce juste milieu, qui est le point de la perfection. La volupté, la dissolution, l'adultere, en un mot, les plaisirs illicites & honteux sont évidemment des choses auxquelles tout homme jaloux de se conserver & de mériter l'estime de ses concitoyens, doit résister. Les payens ont senti & enseigné cette vérité, malgré le débordement de mœurs que le christianisme leur reproche*. La religion Chrétienne, peu contente de ces maximes raisonnables, recommande *le célibat*, comme un état de perfection; le nœud si légitime du mariage est une imperfection à ses

---

*Aristote & Epictete ont recommandé la pureté dans les discours. Ménandre dit que l'homme de bien ne peut consentir à corrompre des vierges, ni à commettre l'adultere. Tibule dit *casta placent superis*. Marc-Antoine rend graces aux Dieux d'avoir conservé sa chasteté dans sa jeunesse. Les Romains avoient des loix contre l'adultere. Le pere Tachard dit que les Siamois ont une morale qui leur défend non seulement les actions deshonnêtes, mais encore les pensées & les desirs impurs, d'où l'on voit que la chasteté & la pureté des mœurs furent estimées, même avant le christianisme, par des nations qui n'en avoient jamais oui parler.

yeux. Le pere du Dieu des chrétiens, avoit dit, dans la Genese : *Il n'est pas bon que l'homme demeure sans compagne.* Il avoit formellement ordonné à tous les êtres, de *croître & de multiplier.* Son fils dans l'évangile, vient annuller ces loix ; il prétend que, pour être parfait, il faut se priver du mariage, résister à l'un des plus pressans besoins que la nature inspire à l'homme, mourir sans postérité, refuser des citoyens à l'Etat, & des supports à sa vieillesse.

Si nous consultons la raison, nous trouverons, que les plaisirs de l'amour nuisent à nous-mêmes, quand nous les prenons avec excès ; qu'ils sont des crimes, lorsqu'ils nuisent à d'autres ; nous sentirons, que corrompre une fille, c'est la condamner à la honte & à l'infamie, c'est anéantir pour elles les avantages de la société ; nous trouverons, que l'adultere est un invasion des droits d'un autre, qui détruit l'union des époux, qui sépare au moins des cœurs qui étoint faits pour s'aimer ; nous conclurons de ces choses, que le mariage étant le seul moyen de satisfaire honnêtement & légitimement le besoin de la nature, de peupler la société, de se procurer des appuis, est un état bien plus respectable & bien plus sacré que ce célibat destructeur, que cette castration volontaire, que le christianisme a le front de transformer en vertu. La nature, ou l'auteur de la nature, invite les hommes à se multiplier, par l'attrait du plaisir ; il a déclaré hautement, que la femme étoit nécessaire à l'homme ; l'expérience a fait connoître qu'ils devoient former une société, non seulement pour jouir des plaisirs passagers, mais encore pour s'aider à supporter les amertumes de la vie, pour élever des enfans, pour en faire des citoyens, pour trouver en eux des supports de leur vieillesse. En donnant à l'homme des forces supérieures à celles de sa compagne la nature voulut qu'il travaillât à faire subsister sa famille ; en donnant à cette compagne des organes plus foibles, elle l'a destinée à des travaux moins pénibles mais non moins nécessaires ; en lui donnant une ame plus sensible & plus douce, elle voulut qu'un sentiment tendre l'attouchât plus particulierement à ses foibles enfans. Voilà les liens heureux que le christianisme voudroit empêcher de se former* ; voilà

* Il est évident que dans la religion chrétienne le mariage est regardé comme un état d'imperfection. Cela vient peut être de ce que Jesus-Christ étoit de la secte des Esséniens, qui, semblables aux moines modernes, renonçoient au mariage, & se vouoient au célibat. Ces idées ont vraisemblablement été adoptées par les premiers chrétiens, qui attendant, d'après les prophêtes du Christ, la fin du monde à chaque instant, regardoient comme inutile d'avoir des enfans, & de multiplier les liens qui les attachoient à un monde prêt à périr. Quoi qu'il en soit, S. Paul dit *qu'il vaut mieux se marier que de bruler.* Jesus avoir parlé lui-même avec eloge de ceux qui *se sont faits eunuques pour le royaume des cieux.* Origène prit à la lettre ce conseil

les vues qu'il s'efforce de traverser, en proposant, comme un état de perfection, un célibat qui dépeuple la société, qui contredit la nature, qui invite à la débauche, qui rend les hommes isolés, & qui ne peut être avantageux qu'à la politique odieuse des prêtres de quelques sectes Chrétiennes, qui se font un devoir de se séparer de leurs concitoyens, pour former un corps fatal, qui s'éternise sans postérité. *Gens aterna, in qua nemo nascitur* *.

où ce précepte. S. Justin martyr dit que *Dieu voulut naître d'une vierge, afin d'abolir la génération ordinaire, qui est le fruit d'un desir illégitime*. La perfection que le christianisme attache au célibat fut une des principales causes qui le fit bannir de la Chine. S. Edouard le confesseur s'abstint de sa femme toute sa vie. L'idée de la perfection, attachée à la chasteté, fut cause de l'extinction successive de toutes les familles royales des Saxons en Angleterre. Le moine S. Augustin, l'apôtre des Anglois consulta S. Grégoire Pape, pour savoir *combien il faut de tems pour qu'un homme qui a eu commerce avec sa femme puisse entrer à l'Eglise, & être admis à la communion des fideles*.

* Le célibat prescrit aux prêtres de l'Eglise Romaine, paroit être l'effet de la politique la plus raffinée, dans les Pontifes qui les soumirent à cette loi. D'abord il dut augmenter la vénération des peuples, qui crurent que leurs prêtres n'étoient pas des hommes, composés de chair & d'os comme les autres. En second lieu, en interdisant le mariage aux prêtres, on rompit les liens qui les attachoient à des familles & à l'état, pour les attacher uniquement à l'Eglise, dont les biens par ce moyen ne furent point partagés, & demeurerent en entier.

Si le christianisme eut l'indulgence de permettre le mariage à ceux de ses sectateurs, qui n'oserent, ou ne purent tendre à la perfection, il semble qu'il les en a punis, par les entraves incommodes qu'il mit à ce nœud ; c'est ainsi que nous voyons le divorce défendu par la religion chrétienne ; les nœuds les plus mal assortis sont devenus indissolubles ; les personnes, mariées une fois, sont forcées de gémir pour toujours de leur imprudence, quand même le mariage qui ne peut avoir que le bien-être, la tendresse, l'affection, pour objet & pour base, deviendroit pour elles une source de discordes, d'amertumes & de peines. C'est ainsi que la loi, d'accord avec la religion cruelle, consent à empêcher les malheureux de briser leurs chaînes. Il paroît que le

C'est par le célibat que les prêtres de l'Eglise Romaine sont devenus si puissans & si mauvais citoyens. Le célibat les rend en quelque sorte indépendans ; ils ne sont point obligés de songer à leur postérité. Un homme qui a famille, a des besoins inconnus au célibataire, qui voit tout finir avec lui. Les Papes les plus ambitieux ont été les plus grands promoteurs du célibat des prêtres. Ce fut Grégoire VII qui travailla à l'établir avec le plus de chaleur. Si les prêtres pouvoient se marier, les Rois & les Princes se feroient bientôt prêtres, & le Souverain Pontife ne trouveroit point en eux des sujets assez dociles. C'est au célibat que paroissent dus la dureté, l'inhumanité, l'obstination & l'esprit remuant, que l'on a toujours reproché au Clergé catholique.

christianisme a mis tout en œuvre pour détourner du mariage, & pour lui faire préférer un célibat qui conduit nécessairement à la débauche, à l'adultere, à la dissolution *. Cependant le Dieu des Juifs avoit permis le divorce, & nous ne voyons point de quel droit son fils, qui venoit accomplir la loi de Moïse, a révoqué une permission si sensée.

Nous ne parlons point ici des autres entraves, que, depuis son fondateur, l'Eglise a mises au mariage *. En proscrivant les mariages

* La nature ne perd jamais ses droits; les célibataires sentent des besoins comme les autres hommes: ils ne trouvent de ressource que dans la prostitution & dans l'adultere, ou dans des moyens que la décence ne permet pas de nommer. En Espagne, en Portugal, en Italie, les moines & les prêtres sont des monstres de luxure; la débauche, la pédérastie, les adulteres, sont si communs dans ces pays, à cause des célibataires. Les vices des laïcs deviendroient plus rares, si le mariage n'étoit pas indissoluble.

* Les Souverains Pontifes de Rome doivent bien rire, quand ils voient des Rois les supplier de leur accorder des dispenses de mariage. Il est évident que dans l'origine, les mariages entre parens furent défendus par la loi civile; des Princes & des Empereurs, même chrétiens, ont seuls, au commencement, défendu & permis ces sortes de mariages. Voyez le code de Théod. tit. 12. loi 3. & dans le code Iost. tit. 8. § 10. & ibid. tit. 8. § 9, 37. Les Rois de France ont exercé le même droit; M. de Marca dit formellement: *Pars illa juris tunc erat penè Principis, sine ulla controversia.* Voyez son livre de con-

entre parens, ne semble-t-elle pas avoir défendu, que ceux qui vouloient s'unir se connaissent parfaitement, s'aimassent trop tendrement?

Telles sont les perfections que le christianisme propose à ses enfans, telles sont les vertus qu'il préfere à celles qu'il nomme, par mépris, *vertus humaines*. Bien plus il rejette & désavoue ces dernieres, il les appelle fausses, illégitimes, parce que ceux qui les possédoient, n'avoient point la foi. Quoi! ces vertus si aimables, si héroïques, de la Grece & de Rome, n'étoient point de vraies

cordia sacerdotii & imperii. Peu à peu l'Eglise a pourtant usurpé ce droit sur les Princes, & les Papes se sont tellement rendus les maîtres du lien conjugal, qu'il fut un tems qu'il étoit présque impossible de savoir si l'on étoit bien ou mal marié; l'Eglise défendoit les mariages jusqu'où la parentée ne pouvoit plus se connoître. L'affinité devint un empêchement; les affinités spirituelles furent inventées; les parrains & les marraines ne purent plus s'épouser, & le Pape devint ainsi l'arbitre du sort des Rois & des sujets; & sous prétexte de mariages incestueux, il troubla cent fois l'ordre des Etats; il excommunia les Souverains; il déclara leurs enfans illégitimes; il décida de l'ordre de la succession aux Couronnes. Cependant, suivant la Bible, il est indubitable que les enfans d'Adam durent épouser leurs sœurs. Ces mariages, disent-ils, sont criminels, parce que si à l'union qui subsiste déja entre parens, se joignoit encore la tendresse conjugal, il seroit à craindre que l'amour des époux ne fut trop grand.

vertus ! Si l'équité l'humanité, la générosité, la tempérance, la patience d'un payen, ne sont pas des vertus, à quoi peut-on donner ce nom ? N'est-ce pas confonder toutes les idées de la morale, que de prétendre que la justice d'un payen n'est pas justice, que sa bonté n'est pas bonté, que sa bienfaisance est un crime ? Les vertus réelles des Socrate, des Caton, des Epictete, des Antonin, ne sont-elles donc pas préférables au zele des Cyrilles, & à l'opiniâtreté des Athanase, à l'inutilité des Antoine, aux révoltes des Chrysostome, à la férocité des Dominique, à l'abjection d'ame de François * ?

Toutes les vertus que le christianisme admire, ou sont outrées & fanatiques, ou elles ne tendent qu'à rendre l'homme timide, abject & malheureux : si elles lui donnent du courage, il devient bientot opiniatre, altier, cruel & nuisible à la societé. C'est ainsi qu'il faut qu'il soit, pour répondre aux vues d'une religion qui dédaigne la terre, & qui ne s'embarrasse pas d'y porter le trouble,

* On sait que S Cyrille, à l'aide d'une troupe de moines, tenta de faire assassiner Oreste, Gouverneur d'Alexandrie, & réussit à faire assassiner de la façon la plus barbare, la belle, la savante, la vertueuse Hypatie. Tous les Saints que l'Eglise Romaine révére, ont été, ou des rébelles, qui ont combattus pour la cause de son ambition, ou des imbécilles, qui l'ont richement dotée, ou des visionnaires, qui se sont détruits eux-mêmes.

pourvu que son Dieu jaloux triomphe de ses ennemis. Nulle morale véritable ne peut être compatible avec une telle religion.

CHAPITRE XIII.

Des Pratiques & des Devoirs de la Religion chrétienne.

SI les vertus du christianisme n'ont rien de solide & de réel, ou ne produisent aucun effet que la raison puisse approuver, elle ne verra rien de plus estimable dans une foule de pratiques genantes, inutiles, & souvent dangereuses, dont il fait des devoirs à ses dévots sectateurs, & qu'il leur montre comme des moyens assurés d'appaiser la Divinité, d'obtenir ses graces, de mériter ses récompenses ineffables.

Le premier & le plus essentiel des devoirs du christianisme est de prier. C'est à la prière continuelle que le christianisme attache sa félicité ; son Dieu, que l'on suppose rempli de bontés, veut être sollicité pour répandre ses graces ; il ne les accorde qu'à l'importuni. Sensible à la flatterie, comme les Rois de la terre, il exige une étiquette ; il n'écoute favorablement que des vœux présentés suivant une certaine forme. Que dirons-nous d'un pere, qui, connoissant les besoins de ses enfans, ne consentiroit point à leur donner la nourriture nécessaire, à moins qu'ils ne l'arrachassent par des supplications ferventes, & souvent inutiles ? Mais d'un autre coté, n'est-ce pas se méfier de la sagesse de Dieu que de prescrire des régles à sa conduite ? N'est-ce pas revoquer en doute son immutabilité, que de croire que sa créature peut l'obliger à changer ses décrets ? S'il sait tout, qu'a-t-il besoin d'être averti sans cesse des dispositions du cœur & des desirs de ses sujets ? S'il est tout-puissant, comment seroit-il flatté de leurs hommages, de leurs soumissions réitérées, de l'anéantissement où ils se mettent à ses pieds ?

En un mot, la priere suppose un Dieu capricieux, qui manque de mémoire, qui est sensible à la louange, qui est flatté de voir ses sujets humiliés devant lui, qui est jaloux de recevoir à chaque instant des marques réitérées de leur soumission.

Ces idées empruntées des Princes de la terre peuvent elles bien s'appliquer à un être tout-puissant, qui n'a créé l'univers que pour l'homme, & qui ne veut que son bonheur ? Peut-on supposer qu'un Etre tout-puissant, sans égal & sans rivaux, soit jaloux de sa gloire ? Est-il une gloire pour un Etre à qui rien ne peut être comparé ? Les chrétiens ne voyent-ils pas qu'en voulant exalter & honorer leur Dieu, ils ne font réellement que l'abbaisser & l'avilir ?

L

Il entre encore dans le système de la religion chrétienne, que les prieres des uns peuvent être applicables à d'autres : son Dieu partial pour ses favoris ne reçoit que les requêtes de ceux-ci ; il n'écoute son peuple, que lorsque ses vœux lui sont offerts par ses ministres. Dieu devient un Sultan, qui n'est accessible que pour ses ministres, ses visirs, ses eunuques & les femmes de son sérail. De-là cette foule innombrable de prêtres, de cénobites, de moines & de religieuses, qui n'ont d'autres fonctions que d'élever leurs mains oisives au ciel, & de prier nuit & jour pour obtenir ses faveurs pour la société. Les nations payent chérement ces importans services, & de pieux fainéans vivent dans la splendeur, tandis que le mérite réel, le travail & l'industrie languissent dans la misere*.

Sous prétexte de vaquer à la priere & aux cérémonies de son culte, le chrétien, surtout dans quelques sectes plus superstitieuses, est obligé de demeurer oisif, & de rester les bras croisés pendant une grande partie de l'année; on lui persuade qu'il honore son Dieu par son inutilité ; des fêtes multipliées par l'intérêt des prêtres & la crédulité des peuples,

* Un Empereur, (c'étoit Justin, si je ne me trompe) demandoit pardon à Dieu, & se faisoit un scrupule du tems qu'il donnoit à l'administration de l'État, & qu'il ôtoit à ses prieres.

suspendent les travaux nécessaires de plusieurs millions de bras ; l'homme du peuple va prier dans un temple, aulieu de cultiver son champ ; là il repaît ses yeux des cérémonies puériles, & ses oreilles de fables & de dogmes auxquels il ne peut rien comprendre.

Une religion tyrannique fait un crime à l'artisan ou au cultivateur, qui pendant ces journées, consacrées au desœuvrement, oseroit s'occuper du soin de faire subsister une famille nombreuse & indigente, & de concert avec la religion, le gouvernement puniroit ceux qui auroient l'audace de gagner du pain, aulieu de faire des prieres, ou de rester les bras croisés*.

La raison peut-elle souscrire à cette obligation bizarre de s'abstenir de viandes & de quelques alimens que certaines sectes chrétiennes imposent ? Le peuple est en conséquence de cette loi forcé de se contenter, pendant des intervalles très-longs, d'une

* Constantin, comme Empereur, ordonna en l'an 321, de cesser le Dimanche toutes les fonctions de la justice, les métiers & les occupations ordinaires des villes. Celles de la campagne & de l'agriculture furent exemptées de cette loi. Ces dispositions étoient au moins plus raisonnables que celles qui subsistent aujourd'hui, surtout chez les catholiques romains. C'est maintenant le Pape & les Evêques qui prescrivent les fêtes, & qui forcent le peuple à être oisif. Voyez *Tillemont, vie de Constantin*, art. 15 p. 180.

nourriture chere, mal-saine, & peu propre à réparer les forces.

Quelles idées abjectes & ridicules doivent avoir de leur Dieu des insensés, qui croyent qu'il s'irrite de la qualité des mets qui entrent dans l'estomach de ses créatures, cependant à prix d'argent, le ciel devient plus accommodant. Les prêtres des chrétiens ont été sans cesse occupés à gêner leurs crédules sectateurs, afin de les obliger à transgresser ; le tout pour avoir occasion de leur faire expier cherement leurs prétendues transgressions. Tout dans le christianisme, jusqu'aux péchés, tourne au profit du prêtre*.

* Les Grecs & les chrétiens orientaux observent plusieurs carêmes, & jeunent avec rigueur. En Espagne, en Portugal, on achepte la permission de faire gras les jours défendus : on est forcé de payer la taye, ou *la bulle de la Croisade*, même quand on se conformeroit aux commandemens de l'Eglise, sans cela, point d'absolution. L'usage de jeuner & de s'abstenir de certains alimens, est venu des Egyptiens aux Juifs, & de ceux ci aux chrétiens & aux mahometans. Les puissances que les catholiques romains regardent comme hérétiques, sont presque les seules qui profitent de l'abstinence de la viande : les Anglois leur vendent de la morue, & les Holandois des harangs. N'est-il pas bien singulier que les chrétiens s'abstiennent de viande, abstinence qui n'est ordonnée nulle part dans le nouveau testament, tandis qu'ils ne s'abstiennent point du sang, de boudin, & de la chair des animaux étouffés, qui sont absolument défendus par les Apôtres, & aussi severement que

Aucun culte ne mit jamais ses sectateurs dans une dépendance plus entiere & plus continuelle de leurs prêtres que le christianisme ; ils ne perdirent jamais de vue leur proye ; ils prirent les mesures les plus justes pour asservir les hommes, & les faire contribuer à leur puissance, à leurs richesses, à leur empire. Médiateurs entre le Monarque céleste & ses sujets, ces prêtres furent regardés comme des courtisans en crédit, comme des ministres chargés d'exercer la puissance en son nom, comme des favoris auxquels la Divinité ne pouvoit rien refuser. Ainsi les ministres du Très Haut devinrent les maîtres absolus du sort des chrétiens ; ils s'emparent, pour la vie, des esclaves que la crainte & les préjugés leur soumirent ; ils se les attacherent, & se rendirent nécessaires à eux, par une foule de pratiques & de devoirs aussi puérils que bizarres, qu'ils eurent soin de leur faire regarder comme indispensablement nécessaires au salut. Ils leur firent, de l'omission de ces devoirs, des crimes bien plus graves, que de la violation manifeste des régles de la morale & de la raison.

Ne soyons donc point étonnés, si dans les sectes les plus chrétiennes, c'est-à-dire, les plus superstitieuses, nous voyons l'homme perpétuellement infesté par des prêtres. A peine est-il sorti du sein de la mère, que

la fornication. Voyez *les actes des Ap. ch.* 15. *v.* 8

sous prétexte de le laver d'une prétendue tache originelle, son prêtre le baptise pour de l'argent, le reconcilie avec un Dieu qu'il n'a point encore pu offenser; à l'aide de paroles & d'enchantement, il l'arrache au domaine du démon. Dès l'enfance la plus tendre, son éducation est ordinairement confiée à des prêtres, dont le principal objet est de lui inculquer de bonne heure les préjugés nécessaires à leurs vûes : ils lui inspirent des terreurs qui se multiplieront en lui pendant toute sa vie : ils l'instruisent dans les fables d'une religion merveilleuse, dans ses dogmes insensés, dans les mysteres incompréhensibles ; en un mot, ils en font un chrétien superstitieux, & jamais ils n'en font un citoyen utile, un homme éclairé*. Il n'est qu'une chose qu'on lui montre comme nécessaire, c'est d'être dévotement soumis à sa religion. Sois dévot, lui dit-on, sois aveugle, méprise ta raison, occupe toi du ciel, & néglige la terre, c'est tout ce que Dieu demande pour te conduire au bonheur.

Pour entretenir le chrétien dans les

* Dans presque tout l'univers, l'éducation des hommes est confiée à des prêtres. Il ne faut point être surpris après cela si l'ignorance, la superstition & le fanatisme s'éternisent. Chez les protestans, ainsi que chez les catholiques, les universités sont des établissemens purement sacerdotaux. Il sembleroit que les Européens ne veulent former que des moines.

idées abjectes & fanatiques, dont sa jeunesse fut imbue, ses prêtres, dans quelques sectes lui ordonnent de venir souvent déposer dans leur sein ses fautes les plus cachées, ses actions les plus ignorées, ses pensées les plus secrettes; ils le forcent de venir s'humilier à leurs pieds, & rendre hommage à leur pouvoir ; ils effrayent le coupable, & s'ils le jugent digne, ils le reconcilient ensuite avec la divinité, qui, sur l'ordre de son ministre, lui remet ses péchés dont il s'étoit souillé. Les sectes chrétiennes, qui admettent cette pratique, nous la ventent comme un frein très-utile aux mœurs & très-propre à contenir les passions des hommes; mais l'expérience nous prouve que les pays, où cet usage est le plus fidelement observé, loin d'avoir des mœurs plus pures que les autres, en ont de plus dissolues. Ces expiations si faciles ne font qu'enhardir au crime. La vie des chrétiens est un cercle de déréglemens & de *confessions* périodiques; le sacerdoce profite seul de cet usage, qui le met à portée d'exercer un empire absolu sur les consciences des hommes. Quelle doit être la puissance d'un ordre d'hommes, qui ouvrent & ferment à leur gré les portes du ciel, qui ont les secrets des familles, qui peuvent à volonté allumer le fanatisme dans les esprits!

Sans l'aveu du sacerdoce, le chrétien ne peut participer à ses mysteres sacrés, les prêtres ont le droit de l'en exclure. Il pourroit se consoler de cette privation prétendue ; mais les anathêmes, ou *excommunications* des prêtres, font partout un mal réel à l'homme ; les peines spirituelles produisent des effets temporels, & tout cytoien, qui encourt la disgrace de l'Eglise, est en danger d'encourir celle du gouvernement, & devient un objet odieux pour ses concitoyens.

Nous avons déja vû que les ministres de la religion se sont ingérés des affaires du mariage ; sans leur aveu, un chrétien ne peut devenir pere ; il faut qu'il se soumette aux formes capricieuses de la religion ; sans cela, la politique, d'accord avec la religion, excluroit ses enfans du rang des citoyens*.

Durant tout le cours de sa vie, le chrétien sous peine de se rendre coupable, est obligé d'assister aux cérémonies de son culte, aux instructions de ses prêtres ; dès qu'il remplit fidelement cet important devoir, il se croit le favori de son Dieu, & se persuade qu'il ne doit plus rien à la société. C'est ainsi que des pratiques inutiles prennent la place de la mo-

* Pour peu qu'on lise l'histoire, on trouvera que les prêtres chrétiens ont voulu se mêler de tout : l'église, en bonne mere, s'est mêlée de la coëffure, de l'habillement, de la chaussure de ses enfans. Dans le quinzieme siécle, elle étoit irritée contre les souliers pointus que l'on portoit alors, sous le nom de *souliers à poulaine*. S. Paul, déja de son tems avoit décrié la frisure.

rale, qui par-tout est subordonnée à la religion à qui elle devroit commander.

Lorsque le terme de sa vie est venu, étendu sur son lit, le chrétien est encore assailli par ses prêtres dans ses derniers instans. Dans quelques sectes chrétiennes, la religion semble s'être étudiée à rendre à l'homme sa mort mille fois plus amere. Un prêtre tranquille vient porter l'allarme auprès du grabat d'un mourant, sous prétexte de le reconcilier avec son Dieu, il vient lui faire savourer le spectacle de sa fin *. Si cet usage est destructeur pour les citoyens, il est au moins très-utile au sacerdoce qui doit une grande partie de ses richesses aux terreurs salutaires qu'il inspire à propos aux chrétiens riches & moribonds. La morale n'en retire pas les mêmes fruits : l'expérience nous montre que la plûpart des chrétiens vivans avec sécurité dans le débordement, ou le crime remettent à la mort le soin de se reconcilier avec Dieu : à l'aide d'un repentir tardif, & des largesses qu'ils font au sacerdoce, celui-ci expie leurs fautes, & leur

* Rien de plus barbare que les usages de l'Eglise Romaine, relativement aux mourans; les sacremens font mourir plus de monde que les maladies & les médecins la frayeur ne peut que causer des révolutions fâcheuses dans un corps affoibli : cependant la politique s'accorde avec la religion pour maintenir ces usages cruels. A paris, lorsqu'un médecin a rendu trois visites à un malade, l'ordonnance veut qu'il lui fasse administrer les sacremens.

permet d'espérer que le ciel met en oubli les rapines, les injustices & les crimes qu'ils ont commis pendant tout le cours d'une vie nuisible à leurs semblables.

La mort ne termine point l'empire du sacerdoce sur les chrétiens de quelques sectes; les prêtres mettent à profit son cadavre; à prix d'argent, on acquiert, pour sa dépouille mortelle, le droit d'être déposé dans un temple, & de répandre dans les villes l'infection & la maladie. Que dis-je? le pouvoir sacerdotal s'étend même au-delà des bornes du trépas. On achete cherement les prieres de l'Eglise, pour délivrer les ames des morts des supplices que l'on prétend destinés dans l'autre monde à les purifier. Heureux les riches dans une religion, où à l'aide de l'argent, on peut intéresser les favoris de Dieu à le prier de remettre les peines que sa justice immuable leur avoit fait infliger *.

* A l'aide du dogme du purgatoire, & de l'efficacité des prieres de l'Eglise, pour en tirer, l'Eglise romaine est souvent parvenue à dépouiller les familles des plus riches successions. Souvent les bons chrétiens déshéritent leurs parens, pour donner à l'Eglise; cela s'appelle *faire son ame héritiere*. Au Concile de Basle, tenu en 1443, les Franciscains tâcherent de faire passer en dogme cette proposition: *Beatus Franciscus, ex divino privilegio, quot annis in Purgatorium descendit, suosque omnes in cœlum deducit*. Mais ce dogme trop favorable aux Cordeliers, fut rejetté par les Evêques. L'opinion de l'Eglise catholique est, que les prieres pour les

Tels font les principaux devoirs que le chriſtianiſme recommande comme néceſſaires, & de l'obſervation deſquels il fait dépendre le ſalut. Telles font les pratiques arbitraires, ridicules, nuiſibles, qu'il oſe ſouvent ſubſtituer aux devoirs de la ſociété. Nous ne combattons pas les différentes pratiques ſuperſtitieuſes, admiſes avec reſpect par quelques ſectes, & rejettées par d'autres, telles que les honneurs rendus à la mémoire de ces pieux fanatiques, de ces contemplateurs obſcurs, que le Pontife romain met au nombre des ſaints*. Nous ne parlerons pas de ces pélérinages, dont la ſuperſtition des peuples fait tant de cas, ni de ces indulgences, à l'aide deſquelles les péchés ſont remis. Nous nous contenterons de dire que ces choſes ſont communément plus reſpectées du peuple qui les admet, que les regles de la morale, qui ſouvent ſont totalement ignorées. Il en coute bien moins aux hommes, de ſe conformer à des rites, à des cérémonies, à des pratiques, que d'être vertueux. Un bon chrétien eſt un homme qui ſe conforme exactement à ce que ſes prêtres exigent de lui; ceux-ci, pour toutes vertus, lui demandent d'être aveugle, libéral & ſoumis.

trépaſſés ſont miſes en *maſſe commune*. Dans ce cas, comme de raiſon, les plus riches font les frais.

* On ſait que *Dairy*, ou Pape des Japonnois, a comme celui des Romains, le droit de canoniſer, ou de faire des ſaints. Ces ſaints ſe nomment *Camis* au Japon.

CHAPITRE XIV.

Des effets politiques de la religion chrétienne.

Après avoir vu l'inutilité & même le danger des perfections, des vertus & des devoirs que la religion chrétienne nous propose, voyons si elle a de plus heureuses influences sur la politique, ou si elle procure un bien-être réel aux nations chez qui cette religion est établie, & seroit fidelement observée. D'abord nous trouvons que partout où le christianisme est admis, il s'établit deux législations opposées l'une à l'autre, & qui se combattent réciproquement. La politique est faite pour maintenir l'union & la concorde entre les citoyens. La religion chrétienne, quoiqu'elle leur prêche de s'aimer & de vivre en paix, anéantit bientot ce précepte par les divisions nécessaires qui doivent s'élever parmi ses sectateurs, qui sont forcés d'entendre diversement les oracles ambigus que les livres saints leur annoncent. Dès le commencement du christianisme, nous voyons des disputes très-vives entre ses docteurs*. Depuis,

---

* Dès la premiere fois que les Apôtres s'assemblerent dans le concile de Jerusalem, nous voyons S. Paul en querelle avec S. Pierre, pour savoir s'il falloit observer les rites judaiques, ou bien y

nous ne trouvons dans tous les siécles que des schismes, des héréfies, suivis de persécutions & de combats, très-propres à détruire cette concorde si vantée, qui devient impossible dans une religion où tout est obscurité. Dans toutes les disputes religieuses, les deux partis croyent avoir Dieu de leur coté, par conséquent ils sont opiniatres. Comment ne le seroient-ils pas, puisqu'ils confondent la cause de Dieu avec celle de leur vanité ? Ainsi peu disposés à se céder de part & d'autre, ils se combattent, se tourmentent, se déchirent, jusqu'à ce que la force ait décidé des querelles qui jamais ne sont du ressort du bon sens, en effet, dans toutes les dissentions qui se sont élevées parmi les chrétiens, l'autorité politique fut toujours obligée d'intervenir ; les Souverains prirent parti dans les disputes frivoles des prêtres, qu'ils regarderent comme des objets de la derniere importance. Dans une religion établie par un Dieu lui-même, il n'est pas de minutie ; en conséquence, les Princes s'armerent contre une partie de leurs sujets ; la façon de penser de la cour décida de la croyance & de la foi des sujets ; les opinions qu'elle appuya furent les gardiens de l'orthodoxie, les autres devinrent des hérétiques, des rebelles, que les

___

renoncer. Les hommes qui tenoient la foi de la premiere main ne purent être d'accord ; ils ne l'ont pas été davantage depuis.

premiers se firent un devoir d'exterminer*.

Les préjugés des Princes, ou leur fausse politique leur ont toujours fait regarder ceux de leurs sujets qui n'avoient point les mêmes opinions qu'eux sur la religion, comme de mauvais citoyens, dangereux pour l'Etat, comme des ennemis de leur pouvoir. Si laissant aux prêtres le soin de vuider leurs querelles impertinentes, ils n'eussent point persécuté pour leur donner du poids, ces querelles se seroient assoupies d'elles-mêmes, n'eussent point intéressé la tranquilité publique. Si ces Rois impartiaux eussent récompensé les bons & puni les méchans, sans avoir égard à leurs spéculations, à leur culte, à des cérémonies, ils n'eussent pas forcé un grand nombre de leurs sujets à devenir les ennemis nés du pouvoir qui les opprimoit. C'est à force d'injustices, de violences & de persécutions que les Princes chrétiens ont cherché de tout tems à ramener les hérétiques. Le bon sens n'eut-il pas dû leur montrer que cette conduite n'étoit propre qu'à faire des hypocrites, des ennemis cachés ou même à produire des revoltes*.

* Un homme d'esprit disoit que la religion orthodoxe étoit, dans chaque état, celle dont étoit le boureau. En effet, si l'on y fait attention, on conviendra que ce sont les Rois & les soldats qui ont établi tous les dogmes de la religion chrétienne. Si Louis XIV eut vécu, la constitution *Unigenitus* seroit devenue un article de foi parmi nous.

* Louis XIV, après la revocation de l'édit de

Mais ces réflexions ne sont point faites pour des Princes que le christianisme travaille dès l'enfance à remplir de fanatisme & de préjugés. Il leur inspire, pour toute vertu, un attachement opiniâtre à des frivolités, une ardeur impétueuse pour des dogmes étrangers au bien de l'Etat, un colere emportée contre tous ceux qui refusent de plier sous leurs opinions despotiques. Dès lors, les souverains trouvent plus court de détruire, que de ramener par la douceur : leur despotisme altier ne s'abaisse point à raisonner. La religion leur persuade que la tyrannie est légitime, que la cruauté est méritoire, quand il s'agit de la cause du ciel.

En effet, le christianisme changea toujours en despotes & en tyrans les Souverains qui la favorisent, il les représenta comme des divinités sur la terre; il fit respecter leur caprices comme les volontés du ciel même; il leur livra les peuples comme des troupaux d'esclaves, dont ils pouvoient disposer à leur gré. En faveur de leur zele pour la religion, il pardonna souvent aux Monarques les plus pervers, les injustices, les violences, les cri-

Nantes, fit, comme l'on fait, tourmenter les *Huguenots*, & leur défendit en même tems de sortir de la France. Cette conduite paroit aussi sensée que celle de ces enfans, qui tourmentent des oyseaux qu'ils ont renfermés dans une cage, & qui pleurent ensuite quand ils les ont tués.

mes, & sous peine d'irriter le Très-Haut, il commanda aux nations de gémir sans murmurer sous le glaive qui les frappoit, au lieu de les protéger. Ne soyons donc point surpris si, depuis que la religion chrétienne s'est établie, nous voyons tant de nations gémir sous des tyrans dévots, qui n'eurent d'autre mérite qu'un attachement aveugle pour la religion, & qui d'ailleurs se permirent les crimes les plus revoltans, la tyrannie la plus affreuse, les débordemens les plus honteux, la licence la plus effrénée. Quelques furent les injustices, les oppressions, les rapines des souverains, ou religieux, ou hypocrites, les prêtres eurent soin de contenir leurs sujets. Ne soyons point non plus étonnés de voir tant de Princes incapables ou méchans, soutenir à leur tour les intérêts d'une religion dont leur fausse politique avoit besoin pour soutenir leur autorité. Les Rois n'auroient aucun besoin de la superstition pour gouverner les peuples, s'ils avoient de l'équité, des lumieres & des vertus, s'ils connoissoient & pratiquoient leurs vrais devoirs, s'ils s'occupoient véritablement du bonheur de leurs sujets; mais comme il est plus aisé de se conformer à des rites, que d'avoir des talens, ou de pratiquer la vertu, le christianisme trouva trop souvent dans les Princes des appuis disposés à les soutenir, & même des bourraux prêts à les servir.

Les ministres de la religion n'eurent pas le

même complaisance pour les Souverains qui refuserent de faire cause commune avec eux, d'embrasser leurs querelles, de servir leurs passions; ils se souleverent contre ceux qui voulurent leur résister, les punir de leurs excès les ramener à la raison, modérer leurs prétentions ambitieuses, toucher à leurs *immunités*. Les prêtres crierent alors *à l'impiété, au sacrilége*; ils prétendirent que le souverain *mettoit la main à l'encensoir*, usurpoit des droits accordés par Dieu lui-même; en un mot, ils chercherent à soulever les peuples contre l'autorité la plus légitime; ils armerent des fanatiques contre les souverains, travestis en tyrans, pour n'avoir point été soumis à l'Eglise. Le ciel fut toujours prêt à venger les injustices faites à ses ministres; ceux-ci ne furent soumis eux-mêmes, & ne prêcherent la soumission aux autres, que quand il leur fut permis de partager l'autorité, ou quand ils furent trop foibles pour lui résister. Voila pourquoi, dans la naissance du christianisme, nous voyons ses apôtres sans pouvoir prêcher la subordination; dès qu'il se vit soutenu, il prêcha la persécution; dès qu'il se vit puissant, il prêcha la revolte, il déposa des Rois, il les fit égorger.

Dans toutes les sociétés politiques où le christianisme est établi, il subsiste deux puissances rivales, qui luttent continuellement l'une contre l'autre, & par le combat desquels

M

les l'état est ordinairement déchiré. Les sujets se partagent, les uns combattent pour leur souverain, les autres combattent, ou croyent combattre pour leur Dieu. Ces derniers doivent toujours à la fin l'emporter, tant qu'il sera permis au sacerdoce d'empoisonner l'esprit des peuples, de fanatisme & de préjugés. C'est en éclairant les sujets, qu'on empêchera de se livrer au fanatisme; c'est en les affranchissant peu à peu du joug de la superstition, qu'on diminuera le pouvoir sacerdotal, qui sera toujours sans bornes, & plus fort que celui des Rois, dans un pays ignorant & couvert de ténèbres.

Mais la plûpart des souverains craignent qu'on n'éclaire les hommes; complices du sacerdoce, ils se liguent avec lui pour étouffer la raison, & pour persécuter tous ceux qui ont le courage de l'annoncer. Aveugles sur leurs propres intérêts, & sur ceux de leurs nations, ils ne cherchent à commander qu'à des esclaves, que les prêtres rendront déraisonnables à volonté. Aussi voyons-nous une honteuse ignorance, un découragement total regner dans les pays où le christianisme domine de la façon la plus absolue : les souverains ligués avec leurs prêtres, semblent y conjurer la ruine de la science, des arts, de l'industrie, qui ne peuvent être que les enfans de la liberté de penser. Parmi les nations chrétiennes les moins superstitieuses sont les plus libres, les plus puissantes, les plus heureuses. Dans les pays où le despotisme spirituel est d'intelligence avec le despotisme temporel, les peuples croupissent dans l'inaction, dans la paresse, dans l'engourdissement. Les peuples de l'europe qui se vantent de posséder la foi la plus pure, ne sont pas assurément les plus florissans & les plus puissans; les souverains, esclaves eux-mêmes de la religion, ne commandent qu'à d'autres esclaves, qui n'ont point assez d'énergie & de courage pour s'enrichir eux-mêmes, & pour travailler au bonheur de l'état. Dans ces sortes de contrées, le prêtre seul est opulent, le reste languit dans la plus profonde indigence. Mais qu'importe la puissance & le bonheur des nations, à une religion qui veut que ses sectateurs ne s'occupent point de leur bonheur en ce monde, qui regarde les richesses comme nuisibles, qui prêche un Dieu pauvre, qui recommande l'abjection d'ame & la mortification des sens? C'est, sans doute, pour obliger les peuples à pratiquer ces maximes, que le sacerdoce, dans plusieurs états chrétiens, s'est emparé de la plus grande partie des richesses, & vit dans la splendeur, tandis que le reste des citoyens fait son salut dans la misere*.

* Pour peu qu'on veuille calculer, on verra qu'en Italie, en Espagne, en Portugal, en Allemagne, les revenus ecclésiastiques doivent excéder, non seulement ceux des Souverains, mais encore ceux du reste des citoyens. On prétend que l'Espagne seule

Tels sont les avantages que la religion chrétienne procure aux sociétés politiques ; elle forme un état indépendant dans l'état ; elle rend les peuples esclaves ; elle favorise la tyrannie des souverains, quand ils sont complaisans pour elle ; elle rend leurs sujets rebelles & fanatiques, quand ces souverains manquent de complaisance. Quand elle s'accorde avec la politique, elle écrase, elle avilit, elle appauvrit les nations, & les prive de science & d'industrie ; quand elle se sépare d'elle, elle rend les citoyens insociables, turbulens, intolérans & rebelles.

Si nous examinons en détail les préceptes de cette religion, & les maximes qui découlent de ses principes, nous verrons qu'elle interdit tout ce qui peut rendre un état florissant. Nous avons déja vu les idées d'imperfection, que le christianisme attache au mariage, &

renferme plus de cinq cents mille prêtres, qui jouissent de revenus immenses.

Assurément le Roi d'Espagne n'a pas le sixieme des revenus pour défendre l'Etat. Si les moines & les prêtres sont nécessaires à un pays, il faut convenir que le ciel lui fait payer bien cherement des prieres. L'expulsion des Maures a ruiné l'Espagne ; il n'y a que l'extinction des moines qui puisse la rétablir. Mais cette opération demande beaucoup d'adresse ; un Roi qui la tenteroit trop brusquement seroit à coup sûr détrôné, par des peuples qui ne sentiroient point le bien qu'il voudroit leur faire. Il faut avant toutes choses, que l'Espagne soit instruite, & que le peuple soit content de son maître.

l'estime qu'il fait du célibat: ces idées ne sont point faites pour favoriser la population, qui est, sans contredit, la premiere source de puissance pour un état.

Le commerce n'est pas moins contraire aux vues d'une religion, dont le fondateur prononce l'anathême contre les riches, & les exclut du royaume des cieux. Toute industrie est également interdite à des chrétiens parfaits qui menent une vie provisoire sur la terre, & qui ne doivent jamais s'occuper du lendemain*.

Ne faut-il pas qu'un chrétien soit aussi téméraire qu'inconséquent, lorsqu'il consent à servir dans les armées? Un homme qui n'est jamais en droit de présumer qu'il soit agréable à son Dieu, ou en état de grace, n'est-il pas un extravagant de s'exposer à la damnation éternelle? Un chrétien qui a de la charité pour son prochain, & qui doit aimer ses ennemis, ne devient-il pas coupable du plus grand des crimes, lorsqu'il donne la mort à un homme dont il ignore les dispositions, & qu'il peut tout d'un coup précipiter dans l'enfer*.

* S. Jean Chrysostome dit, qu'*un marchand ne peut jamais plaire à son Dieu, qu'un Chrétien ne peut être marchand, & qu'il faut le chasser de l'Eglise*. Il se fonde sur un passage du pseaume 70. *Je n'ai point connu le négoce*. Si ce principe est vrai, toute la rue S. Honoré est damnée.

* Lactance dit qu'*un chrétien ne peut être ni soldat, ni accusateur*. Voyez tom. I. p. 137. Les Quakers & les Mennonites ne portent point les ar-

Un soldat est un monstre dans le christianisme; à moins qu'il ne combatte pour la cause de Dieu. S'il meurt alors, il devient un martyr. Le christianisme déclara toujours la guerre aux sciences & aux connoissances humaines; elles furent regardées comme un obstacle au salut; la science enfle, dit un Apôtre. Il ne faut ni raison, ni étude, à des hommes qui doivent soumettre leur raison au joug de la foi. De l'aveu des chrétiens, les fondateurs de leur religion furent des hommes grossiers & ignorans, il faut que leurs disciples ne soient pas plus éclairés qu'eux, pour admettre les fables & les rêveries que ces ignorans révérés leur ont transmises. On a toujours remarqué que les hommes les plus éclairés ne sont communément que de mauvais chrétiens. Indépendamment de la foi, que la science peut ébranler, elle détourne le chrétien de l'œuvre du salut, qui est la seule véritablement nécessaire. Si la science est utile à la société politique, l'ignorance est bien plus utile à la religion & à ses ministres. Les siécles, dépourvus de science & d'industrie, furent des siécles d'or pour l'Eglise de Jésus-Christ. Ce fut alors que les Rois lui furent plus soumis; c'est alors que les ministres attirent dans leurs mains toutes les richesses de la société. Les prêtres d'une secte très nombreuse veulent que les hommes qui leur sont soumis ignorent les li-

mes; ils sont plus conséquens que les autres chrétiens.

vres saints qui contiennent les regles qu'ils doivent suivre. Leur conduite est sans doute très-sage; la lecture de la Bible est la plus propre de toutes à desabuser un chrétien de son respect pour la Bible*.

* Le Pape S. Grégoire fit détruire, de son tems, un grand nombre des livres des payens. Dès le commencement du christianisme, nous voyons que S. Paul se fit apporter des livres pour les faire bruler; méthode qui s'est toujours depuis pratiquée dans l'Eglise. Les fondateurs du christianisme auroient dû défendre, sous peine de damnation, de jamais apprendre à lire. L'Eglise romaine a fait très sagement d'ôter les livres saints des mains du vulgaire. Dès qu'on eut commencé à les lire, dans le seizieme siécle tout se remplit d'héréfies & de revoltes contre les prêtres. L'heureux tems pour l'Eglise, où les moines seuls savoient lire & écrire, & où ils se faisoient des titres de possession. Si l'on doutoit de la haine ou du mépris des Peres de l'Eglise, pour les sciences, on trouvera les preuves dans les passages suivans. S. Jerôme dit; *Geometria, arithmetica, musica habent in sua scientia veritatem, sed non ex scientia illa, scientia pietatis. Scientia pietatis est noscere scripturas & intelligere prophetas, Evangelica credere, prophetas non ignorare.* Vide Hier. Ep. ad Titum. Saint Ambroise dit : *Quid tam absurdum quam de astronomia & geometria tractare, & profunda aeris spatia metiri, relinquere causas salutis, errores quaerere.* Vide S. Ambr. de officiis, lib. I. S. Augustin dit: *Astrologia & geometria, & alia ejusmodi, ideo despecta sunt a nostris, quia nihil ad salutem pertinent.* Vide S. August. de ordinis disciplina. La géométrie, pour la justesse qu'elle donne à l'esprit devroit être défendue dans tout état chrétien.

En un mot, en suivant à la rigueur les maximes du christianisme, nulle société politique ne pourroit subsister. Si l'on doutoit de cette assertion, que l'on écoute ce que disent les premiers docteurs de l'Eglise, on verra que leur morale est totalement incompatible avec la conservation & la puissance d'un état. On verra que selon Lactance, nul homme ne peut être soldat; que, selon S. Justin, nul homme ne peut être magistrat; que selon S. Chrisostome, nul homme ne doit faire le commerce; que suivant un très-grand nombre nul homme ne doit étudier. Enfin, en joignant ces maximes à celles du sauveur du monde, qui, comme il le doit, tend à sa perfection, est le membre le plus inutile à son pays, à sa famille, à tous ceux qui l'entourent; c'est un contemplateur oisif, qui ne pense qu'à l'autre vie, qui n'a rien de commun avec les intérêts de ce monde, & n'a rien de plus pressé que d'en sortir promptement*.

Ecoutons Eusébe de Césarée, & voyons si le chrétien n'est pas un vrai fanatique, dont la société ne peut tirer aucun fruit. ,, Le genre de vie, dit-il, de l'Eglise chrétienne surpasse notre nature présente & la vie commune des hommes; on n'y cherche ni nôces, ni

* Tertulien dit : *Nil nostra refert in hoc œvo, nisi de eo celeriter recedere.* Lactance fait voir que l'idée de la fin prochaine du monde fut une des principales cause de la propagation du christianisme.

enfans, ni richesses ; enfin elle est totalement étrangere à la façon humaine de vivre ; elle n'est livrée qu'à un amour immense des choses célestes. Ceux qui la suivent ainsi, presque détachés de la vie mortelle, & n'ayant que leur corps sur la terre, sont tout en esprit dans le ciel, & l'habitent déja comme des intelligences pures & célestes; elles méprisent la vie des autres hommes*". Un homme fortement persuadé des vérités du christianisme, ne peut, en effet, s'attacher à rien ici bas ; tout est pour lui une occasion de chute ; tout au moins le détourneroit de penser à son salut. Si les chrétiens, par bonheur, n'étoient inconséquens, & ne s'écartoient sans cesse de leurs spéculations sublimes, ne renonçoient à leur perfection fanatique, nulle société chrétienne ne pourroit subsister, & les nations, éclairées par l'Evangile, rentreroient dans l'état sauvage. On ne verroit que des êtres farouches, pour qui le lien social seroit entierement brisé, qui ne feroient que prier, & gémir dans cette vallée de larmes, & qui s'occuperoient de se rendre eux-mêmes, & les autres, malheureux, afin de mériter le ciel.

Enfin, une religion dont les maximes tendent à rendre les hommes intolérans, les souverains persécuteurs, les sujets esclaves ou rebelles ; une religion dont les dogmes obs-

* Voyez *Eusebe*, *Demonst. évang.* t. II. p. 29.

curs font des sujets éternels de disputes; une religion dont les principes découragent les hommes, & les détournent de songer à leurs vrais intérêts; une telle religion, dis-je, est destructive pour toute société.

CHAPITRE XV.

De l'Eglise, ou du Sacerdoce des Chrétiens.

Il y eut de tout tems des hommes qui surent mettre à profit les erreurs de la terre. Les prêtres de toutes les religions ont trouvé le moyen de fonder leur propre pouvoir, leurs richesses & leurs grandeurs sur les craintes du vulgaire; mais nulle religion n'eut autant de raisons que le christianisme, pour asservir les peuples au sacerdoce. Les premiers prédicateurs de l'Evangile, les Apôtres, les premiers prêtres des chrétiens, leur sont représentés comme des hommes tout divins, inspirés par l'esprit de Dieu, partageant sa toute puissance. Si chacun de leurs successeurs ne jouit pas des mêmes prérogatives, dans l'opinion de quelques chrétiens, le corps de leurs prêtres, où l'Eglise est continuellement illuminée par l'Esprit saint, qui ne l'abandonne jamais; elle jouit collectivement de l'infaillibilité, & par conséquent ses décisions deviennent aussi sacrées que celles de la divinité même, ou ne sont qu'une révélation perpétuée.

D'après ces notions si grandes que le christianisme nous donne du sacerdoce, il doit en vertu des droits qu'il tient de Jesus Christ lui-même, commander aux nations, ne trouver aucun obstacle à ses volontés, faire plier les Rois mêmes sous son autorité. Ne soyons donc point surpris du pouvoir immense que les prêtres chrétiens ont si longtems exercé dans le monde ; il dût être illimité, puisqu'il se fondoit sur l'autorité du tout puissant ; il dut être despotique, parce que les hommes ne sont point en droit de restreindre le pouvoir divin, il dut dégénérer en abus, parceque les prêtres, qui l'exercerent, furent des hommes enivrés & corrompus par l'impunité.

Dans l'origine du christianisme, les Apôtres, en vertu de la mission de J. C. prêcherent l'Evangile aux Juifs & aux Gentils ; la nouveauté de leur doctrine leur attira, comme on a vu, des prosélites dans le peuple ; les nouveaux chrétiens, remplis de ferveur pour leurs nouvelles opinions, formerent dans chaque ville des congrégations particulieres, qui furent gouvernées par des hommes établis par les Apôtres ; ceux-ci ayant reçu la foi de la premiere main, conserverent toujours l'inspection sur les différentes sociétés chrétiennes qu'ils avoient formées. Telle paroît être l'origine des Evêques ou Inspecteurs, qui dans l'Eglise se sont perpétués jusqu'à nous ; origine dont se glorifient les Princes des prêtres du christianisme moderne *. Dans cette secte naissante, on sait que les associés mirent leurs biens en commun; il paroît que ce fut un devoir qui s'exigeoit avec rigueur; puisque, sur l'ordre de S. Pierre, deux des nouveaux chrétiens furent frappés de mort, pour avoir retenu quelque chose de leur propre bien. Les fonds résultans de cette communauté étoient à la disposition des Apôtres & après eux, des Inspecteurs, ou Evêques, ou prêtres, qui les remplacerent; & comme il faut que le prêtre vive de l'autel, on peut croire que ces Evêques se payerent par leurs propres mains de leus instructions, & furent à portée de puiser dans le trésor public. Ceux qui tenterent de nouvelles conquêtes spirituelles, furent obligés, sans doute, de se contenter des contributions volontaires de ceux qu'ils convertissoient. Quoi qu'il en soit, les les fideles devinrent l'objet de la cupidité des prêtres, & mirent la discorde entr'eux; chacun d'eux voulut gouverner, & disposer des deniers de la communauté. De-là des brigues, des factions, que nous voyons com-

---

* S. Jerome desaprouve hautement la distinction des Evêques & des Prêtres, ou curés. Il prétend que pretre & Evêque, suivant S. Paul, sont la même chose: avant, dit-il que par l'instigation de satan, il y eut des distinctions dans la religion. Aujourd'hui les Evêques qui ne sont bons à rien, jouissent de gros revenus; & un grand nombre de curés qui travaillent, meurent de faim.

mencer avec l'Eglise de Dieu *. Les prêtres furent toujours ceux qui revinrent les premiers de la ferveur religieuse; l'ambition & l'avarice durent bientôt les détromper des maximes désintéressées qu'ils enseignoient aux autres.

Tant que le christianisme demeura dans l'abjection, & fut persécuté, ses Evêques & ses prêtres en discorde, combatirent sourdement, & leurs querelles n'éclaterent point au-dehors; mais lorsque Constantin voulut se fortifier des secours d'un parti devenu très-nombreux, & à qui son obscurité avoit permis de s'étendre, tout changea de face dans l'Eglise; les chefs des chrétiens, séduits par l'autorité & devenus courtisans, se combattirent ouvertement: ils engagerent les souverains dans leurs querelles; ils persécuterent leurs rivaux; & peu à peu comblés d'honneurs & de richesses, on ne reconnut plus en eux ces pauvres Apôtres, ou messagers, que Jésus avoit envoyés pour prêcher sa doctrine; ils devinrent des princes, qui soutenus par les armes de l'opinion, furent en état de faire la loi aux souverains eux-mêmes, & de mettre le monde en combustion.

Le Pontificat par une imprudence fâcheuse avoit été, sous Constantin, séparé de l'Empire; les Empereurs eurent bientôt lieu de s'en té-

---

* Il y avoit souvent du sang répandu aux elections des Evêques. Prétextat disoit : *Qu'on me fasse Evêque de Rome, & je me fais chrétien.*

pentir. En effet, l'Evêque de Rome, de cette ville jadis maîtresse du monde, dont le seul nom étoit encore imposant pour les nations, sut profiter habilement des troubles de l'empire, des invasions des barbares, de la foiblesse des Empereurs, trop éloignés pour veiller sur leur conduite. Ainsi, à force de menées & d'intrigues, le Pontife Romain parvint à s'asseoir sur le trone des Césars. Ce fut pour lui que les Emile & les Scipions avoient combattu; il fut regardé dans l'occident, comme le Monarque de l'Eglise, comme l'Evêque universel, comme le Vicaire de J. C. sur la terre, enfin, comme l'organe infaillible de la Divinité *.

Si ces titres hautins fureut rejettés dans l'Orient, le Pontife des romains regna sans con-

* On sait que la prééminence des Papes, toujours contestée par les Patriarches d'Alexandrie, de Constantinople & de Jérusalem, est fondée sur une équivoque qui se trouve dans le nouveau testament. Le Pape se prétend successeur de St. Pierre, à qui Jesus dit: *Tu es Pierre, & sur cette pierre je fonderai mon Eglise*. Mais les meilleures critiques nient que S. Pierre ait jamais été à Rome. A l'égard de l'infaillibilité du Pape, quoique plusieurs chrétiens aient assez de force d'esprit pour la nier, en recueillant les voix, on verra que c'est une vérité incontestable dans l'esprit des Espagnols, des Italiens, des Portugais, des Allemands, des Flamands, & même de la plûpart des François. Bellarmin assure que le Pape est en droit de faire des injustices. *Jure potest contra jus decernere.*

current sur la plus grande partie du monde chrétien, il fut un Dieu sur terre ; par l'imbécilité des Souverains, il devint l'arbitre de leurs destinées ; il fonda une théocratie, ou un gouvernement divin, dont il fut le chef, & les Rois furent les lieutenans. Il les détrona, il souleva les peuples contre eux, quand ils eurent l'audace de lui résister : en un mot, ses armes spirituelles, pendant une longue suite de siécles, furent plus fortes que les temporelles ; il fut en possession de distribuer des couronnes : il fut toujours obéi par les nations abruties ; il divisa les Princes, afin de regner sur eux, & son empire dureroit encore aujourd'hui, si le progrès des lumieres dont les souverains paroissent si ennemis, ne les avoit peu à peu affranchis, ou si les Souverains inconséquens aux principes de leur religion n'avoient pas plutôt écouté l'ambition que leur devoir*. En effet, si les ministres de l'Eglise ont reçu leur pouvoir de Jesus-Christ lui-même, c'est se revolter contre lui, que de résister à ses représentans. Les Rois comme les sujets, ne peuvent sans cri-

* C'est l'ambition & le desir d'usurper les possessions des autres, qui donnerent aux Papes un si grand ascendant en europe. Les Souverains au lieu de se réunir contre lui, comme ils auroient du le faire, ne cherchoient qu'à l'attirer dans leur parti, & à tirer de lui des titres, pour s'emparer des biens qui excitoient leurs desirs.

me se soustraire à l'autorité de Dieu: l'autorité spirituelle venant du Monarque céleste, doit l'emporter sur la temporelle, qui vient des hommes : un Prince vraiment chrétien doit être le serviteur de l'Eglise, ou le premier esclave des prêtres.

Ne soyons donc point étonnés si dans les siécles d'ignorance, les prêtres furent plus forts que les Rois, & furent toujours préférablement obéis par les peuples, plus attachés aux intérêts du ciel qu'à ceux de la terre*. Chez des nations superstitieuses, la voix du Très-Haut & de ses interpretes doit être bien plus écoutée que celle du devoir, de la justice & de la raison. Un bon chrétien soumis à l'Eglise doit être aveugle & déraisonnable, toutes les fois que l'Eglise l'ordonne; qui a droit de nous rendre absurde, a le droit de nous commander des crimes.

D'un autre côté, des hommes, dont le pouvoir sur la terre vient de Dieu même, ne peuvent dépendre d'aucun pouvoir : ainsi l'indépendance du sacerdoce des chrétiens est fondée sur les principes de leur religion : aussi sut-il toujours s'en prévaloir. Il ne faut donc point

---

* Il est évident que dans les tems d'ignorance les chrétiens faisoient plus de cas de leurs prêtres que de leurs Rois. En Angleterre, sous le gouvernement des Saxons, l'amende que l'on payoit, ou que la loi fixoit, pour le meurtre de l'Archevêque de Cantorbery, étoit plus forte que celle que l'on devoit payer pour la vie du Monarque.

s'étonner, si les prêtres du christianisme, enrichis & dotés par la générosité des Rois & des peuples, méconnurent la vraie source de leur opulence & de leurs priviléges. Les hommes peuvent oter ce que les hommes ont donné par surprise ou par imprudence; les nations détrompées de leurs préjugés pourroient un jour réclamer contre des donations extorquées par la crainte, ou surprises par l'imposture. Les prêtres sentirent tous ces inconvéniens; ils prétendirent donc qu'ils ne tenoient que de Dieu seul ce que les hommes leur avoient accordé, & par un miracle surprenant, on les en crut sur leur parole*.

* Les droits divins des prêtres, ou les immunités ecclésiastiques, datent de très-loin. Isis, qui étoit une déesse, donna aux prêtres d'Egypte un tiers de son royaume, pour les engager à rendre les honneurs divins à Osiris son époux, après sa mort. Voyez *Diod. de Sicile, liv. II. ch.* 1. Les prêtres Egyptiens ont toujours au moins joui des dixmes, & furent exempts de toutes les charges publiques. Moïse qui étoit un Egyptien & de la tribu de Lévi, ainsi que le Dieu des Juifs, ne paroissent occupés que du soin de faire subsister les prêtres, à l'aide des sacrifices & des dixmes qu'ils leur assignent. Les prêtres chrétiens ont indubitablement succédé aux droits des prêtres Juifs; d'où l'on voit que ce seroit un grand péché, que de ne point payer les dixmes à l'Eglise, & que ce seroit un grand crime que de vouloir les soumettre aux impositions ordinaires. Dans la Génèse, *ch.* 47. *v.* 26. nous trouvons, *que la terre des prêtres ne payoit rien au Roi.* Selon le *Lévitique*

N

Ainſi les intérêts du ſacerdoce furent ſéparés de ceux de la ſocieté; des hommes voués à Dieu, & choiſis pour être ſes miniſtres, ne furent plus des citoyens; ils ne furent point confondus avec des ſujets profanes; les loix civils n'eurent plus aucun pouvoir ſur eux; des tribunaux ils ne furent jugés que par des hommes de leur propre corps. Par-là, les plus grands excès demeurerent ſouvent impunis; leur perſonne ſoumiſe à Dieu ſeul, fut inviolable & ſacrée*. Les Souverains furent obligés de défendre leurs poſſeſſions, & de les protéger, ſans qu'ils contribuaſſent aux charges publiques, ou du moins ils n'y contribuerent qu'autant qu'il convint à leurs intérêts; en un mot, ces hommes revêtus furent impunément nuiſibles & méchans, &

ch. 17. v. 24. 28. les biens des Prêtres ne pouvoient point ſe racheter. Les prêtres des chrétiens, ju comme l'on voit, s'en ſont tenu à la loi judaique, relativement à leurs biens.

*La cauſe des démêlés de Henri II Roi d'Angleterre avec le ſaint Archevêque de Cantorbery (Thomas Becket) fut que le Monarque voulut punir des eccléſiaſtiques pour des aſſaſſinats & des crimes par eux commis. En dernier lieu, le Roi de Portugal a été obligé de ſolliciter vainement la permiſſion de faire juger des Jéſuites accuſés d'avoir trempé dans le crime de leze majeſté, commis ſur ſa perſonne. L'Egliſe ne ſouffre pas volontiers que l'on puniſſe ſes miniſtres, c'eſt pour lors qu'elle abhorre le ſang; elle n'eſt pas ſi difficile quand il s'agit de faire répandre celui des autres.

fent dans les sociétés que pour les dévorer, sous prétexte de les repaître d'instructions & de prier pour elles.

En effet, depuis dix-huit siécles, quel fruit les nations ont-elles retiré de leurs instructions? Ces hommes infaillibles ont-ils pu convenir entre eux sur les points les plus essentiels d'une religion revélée par la Divinité? Quelle étrange revélation, que celle qui a besoin de commentaires & d'interprétations continuels? Que penser de ces divines écritures, que chaque secte entend si diversement? les peuples nourris sans cesse de l'instruction de tant de pasteurs, les peuples éclairés des lumieres de l'Evangile, ne sont ni plus vertueux, ni plus instruits sur l'affaire la plus importante pour eux. On leur dit de se soumettre à l'Eglise, & l'Eglise n'est jamais d'accord avec elle-même; elle s'occupe dans tous les siécles à réformer, à expliquer, à détruire, à rétablir sa céleste doctrine; ses ministres créent au besoin de nouveaux dogmes, inconnus aux fondateurs de l'Eglise. Chaque âge voit naître de nouveaux mysteres, de nouvelles formules, de nouveaux articles de foi. Malgré les inspirations de l'esprit saint, le christianisme n'a jamais pu atteindre la clarté, la simplicité, la consistance, qui sont les preuves indubitables d'un bon systême. Ni les Conciles, ni les Canons, ni cette foule de décrets & de loix, qui forment le code de l'Eglise, n'ont pu jusqu'ici fixer les objets de la croyance de l'Eglise.

Si un payen sensé vouloit embrasser le christianisme, il seroit dès les premiers pas jetté dans la plus grande perplexité, à la vue des sectes multipliées, dont chacune prétend conduire le plus surement au salut, & se conformer le plus exactement à la parole de Dieu. Pour laquelle de ces sectes osera-t-il se déterminer, voyant qu'elles se regardent avec horreur, & que plusieurs d'entr'elles damnent impitoyablement toutes les autres; qu'au lieu de se tolérer, elles se tourmentent & se persécutent; & que celles qui en ont le pouvoir font sentir à leurs rivales les cruautés les plus étudiées, & les fureurs les plus contraires au repos des sociétés. Car, ne nous y trompons point, le christianisme peu content de violenter les hommes pour les soumettre extérieurement à son culte, a inventé l'art de tyranniser la pensée & de tourmenter les consciences; art inconnu à toutes les superstitions payennes. Le zele des ministres de l'Eglise ne se borne point à l'extérieur, ils fouillent jusque dans les replis du cœur; ils violent insolemment son sanctuaire impénétrable; ils justifient leurs sacriléges, & leurs ingénieuses cruautés par le grand intérêt qu'ils prennent au salut des ames.

Tels sont les effets qui résultent nécessairement des principes d'une religion qui croit que l'erreur est un crime digne de la colere de son Dieu. C'est en conséquence de ces idées, que les prêtres, du consentement des Souverains, sont chargés dans certains pays de maintenir la foi dans sa pureté. Juges dans leur propre cause, ils condamnent aux flammes ceux dont les opinions leur paroissent dangereuses*; entourrés de délateurs, ils epient les actions & les discours des citoyens, & sacrifient à leur sureté tous ceux qui leur font ombrage. C'est sur ces maximes abominables, que l'Inquisition est fondée; elle veut trouver des coupables, c'est l'être déja que de lui avoir donné des soupçons.

Voila les principes d'un tribunal sanguinaire, qui perpétue l'ignorance & l'engourdissement des peuples par-tout où la fausse po-

* Les tribunaux civiles, quand ils sont justes, ont pour maxime de chercher tout ce qui peut tendre à la défense de l'accusé, le tribunal de l'inquisition prend exactement le contrepied. Jamais on ne dit à l'accusé la cause de sa détention, jamais on ne lui confronte les témoins; s'il ignore son crime, il faut qu'il l'avoue. Voila les maximes des prêtres chrétiens. Il est vrai que l'inquisition ne condamne personne à mourir : des prêtres ne peuvent verser du sang par eux-memes, cette fonction est réservée au bras séculier, & ces fourbes font mine d'intercéder pour le coupable, bien surs de n'être point écoutés. Que dis je? ils feroient sans doute un beau bruit, si le Magistrat alloit les prendre au mot. Conduite bien digne de ces hommes, en qui l'interet étouffe l'humanité, la sincerité, la pudeur.

litique des Rois lui permet d'exercer ses fureurs. Dans des pays qui se croyent plus éclairés & plus libres, nous voyons des Evêques qui n'ont point honte de faire signer des *formules* & des *professions de foi* à ceux qui dépendent d'eux; ils leur font des questions captieuses. Que dis-je ? les femmes même ne sont point exemptes de leurs recherches; un prélat veut savoir leur sentiment sur des subtilités inintelligibles pour ceux même qui les ont inventées.

Les disputes entre les prêtres du christianisme firent naître des animosités, des haines, des hérésies. Nous en voyons dès la naissance de l'Eglise. Un système fondé sur des merveilles, des fables, des oracles obscurs, doit être une source féconde de querelles. Au lieu de s'occuper des connoissances utiles, les théologiens ne s'occupèrent jamais que de leurs dogmes; au lieu d'étudier la vraie morale, & de faire connoître aux peuples leurs vrais devoirs, ils cherchèrent à faire des adhérens. Les prêtres du christianisme amusèrent leur oisiveté par les spéculations inutiles d'une science barbare & énigmatique, qui sous le nom de science de Dieu, ou de Théologie, s'attira les respects du vulgaire. Ce système d'une ignorance présomptueuse, opiniâtre & raisonnée, semblable au Dieu des chrétiens, fut incompréhensible comme lui. Ainsi les disputes naquirent des disputes. Souvent des génies profonds & dignes d'être regrettés, s'occuperent paisiblement de subtilités puériles, de questions oiseuses, d'opinions arbitraires, qui loin d'être utiles à la societé, ne firent que la troubler. Les peuples entrerent dans des quérelles qu'ils n'entendirent jamais; les Princes prirent la défense de ceux des prêtres qu'ils voulurent favoriser; ils déciderent à coups d'épée l'orthodoxie; & le parti qu'ils choisirent accabla tous les autres; car les Souverains se croyent toujours obligés de se mêler des disputes théologiques; ils ne voient pas qu'en s'en mélant ils leur donnent de l'importance & du poids, & toujours les prêtres chrétiens appellerent des secours humains, pour soutenir des opinions, dont pourtant ils croyoient que Dieu leur avoit garanti la durée. Les héros que nous trouvons dans les annales de l'Eglise, ne nous montrent que des fanatiques opiniattes, qui furent les victimes de leurs folles idées; ou des persécuteurs furieux qui traiterent leurs adversaires avec la plus grande inhumanité; ou des factieux, qui troublerent les nations. Le monde, du tems de nos peres, s'est dépeuplé pour défendre des extravagances qui font rire une postérité, qui n'est pas moins insensée qu'eux.

Presque dans tous les siécles, on se plaignit hautement des abus de l'Eglise; on parla de les réformer. Malgré cette prétendue réforme, *dans le chef & dans les membres de l'Eglise*, elle fut toujours corrompue. Les prêtres avides, turbulens, séditieux, firent gémir les nations sous le poids de leurs vices, & les Princes furent trop foibles pour les ramener à la raison. Ce ne fut que les divisions & les querelles de ces tyrans qui diminuerent la pésanteur de leur joug, pour les peuples & pour les Souverains. L'empire du Pontife romain après avoir duré un grand nombre de siécles, fut enfin ébranlé par des enthousiastes irrités, par des sujets rébelles, qui oserent examiner les droits de ce despote redoutable : plusieurs princes fatigués de leur esclavage & de leur pauvreté, embrasserent des opinions qui les mirent à portée de s'emparer des dépouilles du clergé. Ainsi l'unité de l'Eglise fut déchirée, les sectes se multiplierent, & chacun combattit pour défendre son systême.

Les fondateurs de cette nouvelle secte que le Pontife de Rome traite de novateurs, d'hérétiques & d'impies, renoncerent, à la vérité, à quelques-unes de leur anciennes opinions ; mais contens d'avoir fait quelques pas vers la raison, ils n'oserent jamais secouer entierement le joug de la superstition ; ils continuerent à respecter les livres saints des chrétiens ; ils les regarderent comme les seuls guides des fideles ; ils prétendirent y trouver les principes de leurs opinions ; enfin ils mirent ces livres obscurs où chacun peut trouver aisément tout ce qu'il veut, & où la Divinité parle souvent un langage contradictoire entre les mains de leurs sectateurs, qui bientôt égarés dans ce labirinthe tortueux, firent éclore de nouvelles sectes.

Ainsi les chefs des sectes, les prétendus réformateurs de l'Eglise, ne firent qu'entrevoir la vérité, ou ne s'attacherent qu'à des minuties : ils continuerent à respecter les oracles sacrés des chrétiens, à reconnoître leur Dieu cruel & bizarre ; ils admirent sa mithologie extravagante, ses dogmes opposés à la raison ; enfin ils adopterent des mysteres les plus incompréhensibles, en se rendant pourtant difficiles sur quelques autres*. Ne soions donc point surpris si malgré les reformes, le fanatisme, les disputes, les persécutions & les guerres se firent sentir dans toute l'europe : les reveries des novateurs ne firent que la plonger dans de nouvelles infortunes : le sang coula de toutes parts, & les peuples ne furent ni plus raisonnables, ni plus heureux. Les prêtres de toutes les sectes voulurent toujours dominer, & faire regarder leurs décisions comme infaillibles & sacrées : toujours

* De quel droit les Protestans, qui admettent la Trinité, l'Incarnation, le Bapteme, &c. rejettent le mystere de la transsubstantiation ? quand on fait tant que d'admettre une absurdité, pourquoi s'arreter en chemin ?

ils persécuterent, quand ils en eurent le pouvoir ; toujours les nations se preterent à leurs fureurs ; toujours les Etats furent ébranlés par leurs fatales opinions. L'intolérance & l'esprit de persécution sont de l'essence de toute secte qui aura le christianisme pour base ; un Dieu cruel, partial, qui s'irrite des opinions des hommes, ne peut s'accommoder d'une religion douce & humaine*. Enfin dans toute secte chrétienne le prêtre exercera toujours un pouvoir qui peut devenir funeste à l'Etat ; il y formera des enthousiastes, des hommes mystiques, des fanatiques, qui exciteront des troubles toutes les fois qu'on leur fera entendre que la cause de Dieu le demande, que l'Eglise est en danger, qu'il s'agit de combattre pour la gloire du Très-haut.

* Calvin fit bruler Servet à Geneve. Quoique les pretres protestans laissent à leurs sectateurs le droit d'examiner ; ils les punissent quand le fruit de leur examen n'est pas le même que le leur. Les Eglises protestantes ne se vantent pas d'etre infaillibles ; mais elles veulent qu'on suive leurs décisions comme si elles l'étoient. C'est pour des quérelles de religion, & faute de tolérance, que Charles premier fut forcé de perdre la tete. Quoique les nations protestantes se vantent d'etre tolérantes, la différence de religion y met une grande différence entre les citoyens : le Calviniste, le Luthérien, l'Anglican, haissent le Papiste, & le méprisent, de même que celui-ci les damne. Partout, la secte dominante fait cruellement sentir sa supériorité aux autres.

Aussi voyons-nous dans les pays chrétiens la puissance temporelle servilement soumise au sacerdoce, occupée à exécuter ses volontés, à exterminer ses ennemis, à maintenir ses droits, ses richesses, ses immunités. Dans presque toutes les nations soumises à l'Evangile, les hommes les plus oisifs, les plus séditieux, les plus inutiles & les plus dangereux sont les plus honorés & les mieux recompensés. La superstition du peuple lui fait croire qu'il n'en fait jamais assez pour les ministres de son Dieu. Ces sentimens sont les mêmes dans toutes les sectes*. Par-tout les prêtres en imposent aux Souverains, forcent la politique de plier sous la religion, & s'opposent aux institutions les plus avantageuses à l'Etat. Par-tout ils sont les instituteurs de la jeunesse, qu'ils remplissent dès l'enfance de leurs tristes préjugés.

Cependant c'est surtout dans les contrées qui sont restées soumises au Pontife Romain, que le sacerdoce a toujours joui du plus haut degré de richesses & de pouvoir. La crédulité leur soumit les Rois eux-mêmes; ceux-ci ne furent que les exécuteurs de leurs volontés souvent cruelles; ils furent prets à tirer le glaive toutes les fois que le prêtre l'ordonna*.

* J'en excepte pourtant les Quakers, ou Trembleurs, qui ont le bon esprit de ne vouloir point de prêtres dans leur secte.

* *Ad nutum Sacerdotii*, comme a dit le doux S. Bernard.

Les Monarques de la secte romaine, plus aveugles que tous les autres, eurent dans les mystères de l'Eglise, une confiance imprudente, qui fut cause que presque toujours ils se pretèrent à leurs vues intéressées. Cette secte effaça toutes les autres par ses fureurs intolérantes & ses persécutions atroces. Son humeur turbulente & cruelle la rendit justement odieuse aux nations moins déraisonnables, c'est-à-dire, moins chrétiennes*.

N'en soyons point étonnés, la religion romaine fut purement inventée pour rendre le sacerdoce tout puissant ; ses prêtres eurent le talent de s'identifier avec la Divinité, leur cause fut toujours la sienne, leur gloire devint la gloire de Dieu, leurs décisions furent des oracles divins, leurs biens appartinrent au royaume du ciel ; leur orgueil, leur avarice, leurs cruautés furent légitimés par les intérêts de leur céleste maître : bien plus, dans cette

_____
* Dieu rejette les tièdes : tout chrétien doit avoir du zèle, puisqu'il doit aimer tendrement son Dieu. Un Roi très-Chrétien doit tout exterminer, plutôt que de souffrir que ses sujets offensent son Dieu. Philippe II & Louis XIV furent des Rois vraiment Chrétiens. Les Anglois & les Hollandois sont des Chrétiens, tièdes & lâches, qui préfèrent la prospérité de l'Etat & du commerce aux intérêts de la religion. Dans le christianisme, tolérance & indifférence pour la religion, sont devenus des synonymes. Comment peut-on embrasser le parti de la tolérance dans une religion dont le fondateur a dit : *Qui n'est point avec moi, est contre moi.*

secte le prêtre vit son Souverain à ses pieds lui faire un humble aveu de ses fautes, lui demander d'être réconcilié avec son Dieu. Rarement vit-on le prêtre user de son ministere sacré pour le bonheur des peuples ; il ne songea point à reprocher aux Monarques l'abus injuste de leur pouvoir, les miseres de leurs sujets, les pleurs des opprimés, trop timide & trop courtisan pour faire tonner la vérité dans leurs oreilles, il ne leur parle point de ces vexations multipliées, sous lesquelles les nations gémissent de ces impots onereux qui les accablent, de ces guerres inutiles qui les détruisent, de ces invasions perpétuelles des droits du citoyen ; ces objets n'intéressent point l'Eglise, qui seroit au moins de quelque utilité, si elle employoit son pouvoir pour mettre un frein aux excès des tyrans superstitieux*. Les terreurs de l'autre monde seroient des mensonges pardonnables, si elles servoient à faire trembler les Rois. Ce ne fut point là l'objet des ministres de la religion ; ils ne stipulerent presque jamais les intérêts des peuples : ils encenserent la tyrannie : ils eurent des indulgences pour ses crimes réels ; ils lui fournirent des expiations aisées ; ils lui promirent

* Le Maréchal de D** disoit à Louis XIV : *Je conçois bien que Votre Majesté trouve un confesseur qui, pour avoir du crédit, lui donne l'absolution, mais je ne conçois pas comment le pere le Tellier trouve quelqu'un pour l'absoudre lui-même.*

le pardon du ciel, si elle entroit avec chaleur dans ses quérelles. Ainsi dans la religion romaine le sacerdoce regna sur les Rois; il fut par conséquent assuré de regner sur les sujets. La superstition & le despotisme firent donc une aliance éternelle, & réunirent leurs efforts pour rendre les peuples esclaves & malheureux. Le prêtre subjugua les sujets par des terreurs religieuses, pour que le Souverain pût les devorer; celui-ci en recompense accorda au prêtre la licence, l'opulence, la grandeur, & s'engagea à détruire tous ses ennemis*.

Que dirons-nous de ces docteurs que les chrétiens appellent casuistes; de ces pretendus moralistes qui ont voulu mésurer jusqu'où la créature peut, sans risquer son salut, offenser son créateur? Ces hommes profonds ont enrichi la morale chrétienne d'un ridicule tarif de péchés; ils savent le dégré de colere que chaque péché excite dans la bile de l'Etre suprême. La vraie morale n'a qu'une mésure pour juger des fautes des hommes; les plus graves sont celles qui nuisent le plus à la societé. La conduite qui fait tort à nous-

---

* Les nations catholiques sont les plus ignorantes & les plus esclaves de l'Europe; l'esclavage religieux entraîne l'esclavage Politique. Les Prêtres de l'Eglise romaine semblent faire aux souverains la meme proposition que le diable fit à J. C. lorsqu'il le tenta dans le désert. *Hæc omnia tibi dabo, si cadens adoraveris me.* Nous te livrons tous tes sujets pieds & mains liés, si tu veux te soumettre à nos fantaisies.

mêmes est imprudente & déraisonnable; celle qui nuit aux autres est injuste, & criminelle.

Tout, jusqu'à l'oisiveté même, est recompensé dans les prêtres du christianisme. De ridicules fondations font subsister dans l'aisance une foule de fainéans, qui dévorent la société, sans lui prêter aucun secours. Les peuples déja accablés par des impôts, sont encore tourmentés par des sangsues, qui leur font acheter cherement des prieres inutiles, qu'ils font négligemment, tandis que l'homme à talens, le savant industrieux, le militaire courageux, languissent dans l'indigence, ou n'ont que le nécessaire; des moines paresseux & des prêtres oisifs, jouissent d'une abondance honteuse pour les Etats qui la tolérent*.

En un mot, le christianisme rend les sociétés complices de tous les maux que leur font les ministres de la Divinité: ni l'inutilité de leurs prieres, prouvée par l'expérience de tant de siécles, ni les effets sanglans de leurs funestes disputes, ni même leurs débordemens & leurs excès, n'ont encore pu détromper

* La satyre la plus forte qui ait jamais été faite des pretres du christianisme est contenue dans S. *Mathieu, ch.* 23. Tout ce que le Christ y dit des Scribes & des pharisiens, convient exactement à nos pretres. Dans la parabole du Samaritain, Jesus-Christ nous fait entendre que les pretres sont de tous les hommes les moins humains. Il est rare parmi nous que les mandians s'adressent à un ecclésiastique.

les nations de ces hommes divins, à l'existence desquels elles ont la simplicité de croire leur salut attaché.

CHAPITRE XVI. & dernier.
CONCLUSION.

Tout ce qui a été dit jusqu'ici prouve de la façon la plus claire que la religion chrétienne est contraire à la saine politique & au bien être des nations. Elle ne peut être avantageuse que pour des Princes depourvus de lumieres & de vertus, qui se croient obligés de regner sur des esclaves, & qui, pour les dépouiller & les tyranniser impunément, se ligueront avec le sacerdoce, dont la fonction fut toujours de les tromper au nom du ciel. Mais ces princes imprudens doivent se dispenser d'être eux-mêmes les esclaves des prêtres qui tourneroient infailliblement contre eux en leurs armes sacrées, s'ils leur manquoient de soumission, ou s'ils refusoient de servir leurs passions.

Nous avons vu plus haut que la religion chrétienne, par ses vertus fanatiques par ses perfections insensées, par son zele, n'est pas moins nuisible à la saine morale, à la droite raison, au bonheur des individus à l'union des familles. Il est aisé de sentir qu'un chrétien qui se propose un Dieu lugubre & souffrant pour modele, doit s'affliger sans cesse & se rendre malheureux. Si ce monde n'est qu'un passage, si cette vie n'est qu'un pelerinage, il seroit bien insensé de s'attacher à rien ici bas. Si son Dieu est offensé, soit par les actions, soit par les opinions de ses semblables, il doit, s'il en a le pouvoir, les en punir avec sévérité, sans cela il manqueroit de zele & d'affection pour son Dieu. Un bon chrétien doit, ou fuir le monde, ou s'y rendre incommode à lui-même & aux autres.

Ces réflexions peuvent suffire pour répondre à ceux qui prétendent que le christianisme est utile à la politique & à la morale, & que sans la religion l'homme ne peut avoir de vertus ni être un bon citoyen. L'inverse de cette proposition est sans doute bien plus vraie, & l'on peut assurer qu'un chrétien parfait qui seroit conséquent aux principes de sa religion, qui voudroit imiter fidelement les hommes divins qu'elle lui propose comme des modeles, qui pratiqueroit des austérités, qui vivroit dans la solitude, qui porteroit leur enthousiasme, leur fanatisme, leur entêtement dans la societé, un tel homme, dis-je, n'auroit aucunes vertus réelles, seroit, ou un membre inutile à l'Etat, ou un citoyen incommode & dangereux*.

* Nos prêtres ne cessent de criailler contre les incrédules & les philosophes, qu'ils traitent de sujets dangereux. Cependant si l'on ouvre l'histoire, on ne trouve jamais que des philosophes aient causé

A en croire les partisans du christianisme, il sembleroit qu'il n'existe point de morale dans les pays où cette religion n'e point établie : cependant un coup d'œil superficiel sur le monde nous prouve qu'il y a des vertus par-tout : sans elles aucune société politique ne pourroit subsister. Chez les Chinois, les Indiens, les Mahometans, il existe sans doute de bons peres, de bons maris, des enfans dociles & reconnoissans ; des sujets fideles à leurs Princes, & les gens de bien y seroient, ainsi que parmi nous, plus nombreux, s'ils étoient bien gouvernés, & si une sage politique, au lieu de leur enseigner dès l'enfance des religions insensées, leur donnoit des loix équitables, leur faisoit enseigner une morale pure & non dépravée par le fanatisme, les invitoit à bien faire, par des recompenses, & les détournoit du crime par des chatimens sensibles.

En effet, je le répete, il semble que par-tout la religion n'ait été inventée, que pour épargner aux Souverains le soin d'être justes, de faire de bonnes loix, & de bien gouverner.

des révolutions dans les Etats ; mais en revanche, on ne voit aucune révolution dans laquelle les gens d'Eglise n'aient trempé. Le Dominicain qui empoisonna l'Empereur Henri VI. dans une hostie, Jacques Clément, Ravaillac, n'étoient point des incrédules. Ce n'étoit point des philosophes, c'étoit des chrétiens fanatiques qui mirent Charles premier sur l'échaffaut. C'est le ministre Gomar, & non pas Spinosa, qui mit la Hollande en feu, &c. &c.

La religion est l'art d'enivrer les hommes de l'enthousiasme, pour les empecher de s'occuper des maux dont ceux qui les gouvernent les accablent ici bas. A l'aide des puissances invisibles dont on les menace, on les force de souffrir en silence les miseres dont ils sont affligés par les puissances visibles ; on leur fait espérer que s'ils consentent à être malheureux en ce monde, ils seront plus heureux en l'autre.

C'est ainsi que la religion est devenue le plus grand ressort d'une politique injuste & lache, qui a cru qu'il falloit tromper les hommes pour les gouverner plus aisément. Loin des Princes éclairés & vertueux des moyens si bas : qu'ils apprennent leurs véritables intérets : qu'ils sachent qu'ils sont liés à ceux de leurs sujets; qu'ils sachent qu'ils ne peuvent être eux-mêmes réellement puissans, s'ils ne sont pas servis par des citoyens courageux, actifs, industrieux & vertueux, attachés à la personne de leur maître, sachent enfin que l'attachement de leurs sujets ne peut être fondé que sur le bonheur qu'on leur procure. Si les Rois étoient pénétrés de ces importantes vérités, ils n'auroient besoin ni de religion ni de prêtres pour gouverner les nations. Qu'ils soient justes, qu'ils soient équitables, qu'ils soient exacts à recompenser les talens & les vertus, & à décourager l'inutilité, les vices & le crime, & bientôt leurs Etats se rempliront de citoyens utiles, qui sentiront que leur propre intérêt les invite à servir la patrie, à la défendre, à chérir le souverain, qui sera l'instrument de sa félicité ; ils n'auront besoin ni de révélation, ni de mysteres, ni de paradis, ni d'enfer, pour remplir leurs devoirs.

La morale sera toujours vaine, si elle n'est appuyée par l'autorité suprême. C'est le souverain qui doit être le souverain Pontife de son peuple ; c'est à lui seul qu'il appartient d'enseigner la morale, d'inviter à la vertu, de forcer à la justice, de donner de bons exemples, de réprimer les abus & les vices. Il affoiblit sa puissance, dès qu'il permet qu'il s'éleve dans ses Etats, une puissance dont les intérets sont divisés des siens, dont la morale n'a rien de commun avec celle qui est nécessaire à ses sujets, dont les principes sont directement contraires à ceux qui sont utiles à la société. C'est pour s'être reposés de l'éducation sur des prêtres enthousiastes & fanatiques, que les Princes chrétiens n'ont dans leurs Etats que des superstitieux, qui n'ont d'autre vertu qu'une foi aveugle, un zele emporté, une soumission peu raisonnée à des cérémonies puériles, en un mot, des notions bizarres qui n'influent point sur leur conduite, ou ne la rendent point meilleure.

En effet, malgré les heureuses influences qu'on attribue à la religion chrétienne, voions-nous plus de vertus dans ceux qui la professent que dans ceux qui l'ignorent ? Les hommes rachetés par le sang d'un Dieu même sont-ils plus justes, plus réglés, plus honnetes que d'autres ? Parmi ces chrétiens si persuadés de leur religion, sans doute qu'on ne trouve pas d'oppressions, de rapines, de fornications, d'adulteres ? Parmi ces courtisans pleins de foi on ne voit ni intrigues, ni perfidies, ni calomnies ? Parmi ces prêtres qui annoncent aux autres des dogmes redoutables, des chatimens terribles, comment trouveroit on des injustices, des vices, des noirceurs ? Enfin, sont-ce des incrédules, ou des esprits forts, que ces malheureux, que leurs excès font tous les jours conduire au supplice ? Tous ces hommes sont des chrétiens pour qui la religion n'est point un frein, qui violent sans cesse les devoirs, les devoirs les plus évidens de la morale, qui offensent sciemment un Dieu qu'ils savent avoir irrité, & qui se flattent à la mort de pouvoir, par un repentir tardif, appaiser le ciel qu'ils ont outragé pendant tout le cours de leur vie.

Nous ne nierons point cependant que la religion chrétienne ne soit quelquefois un frein pour quelques ames timorées qui n'ont pas la fougue ni l'énergie malheureuse, qui font commettre les grands crimes, ni l'endurcissement que l'habitude du vice fait contracter. Mais ces ames timides eussent été honnetes, même sans religion ; la crainte de se rendre odieux à leurs semblables, d'encourir le mépris, de perdre leur réputation, eussent également retenu des hommes de cette trempe. Ceux qui font assez aveugles pour fouler aux pieds ces considérations, les mépriseront également malgré toutes les ménaces de la religion.

On ne peut pas nier non plus que la crainte d'un Dieu qui voit les pensées les plus secrettes des hommes ne soit un frein pour bien des gens; mais ce frein ne peut rien sur les fortes passions, dont le propre est d'aveugler sur tous les objets nuisibles à la société. D'un autre coté, un homme habituellement honnête, n'a pas besoin d'être vu pour bien faire, il craint d'être obligé de se mépriser lui-même, d'être forcé de se haïr, d'éprouver des remords, sentimens affreux pour quiconque n'est pas endurci dans le crime. Que l'on ne nous dise pas que sans la crainte de Dieu l'homme ne peut éprouver des remords. Tout homme qui a reçu une éducation honnête est forcé d'éprouver en lui même un sentiment douloureux, melé de honte & de crainte toutes les fois qu'il envisage les actions deshonorantes dont il a pu se souiller : il se juge souvent lui-même avec plus de sévérité que ne feroient les autres; il redoute les regards de ses semblables : il voudroit se fuir lui-même, & c'est là ce qui constitue les remords.

En un mot, la religion ne met aucun frein aux passions des hommes, que la raison, que l'éducation, que la saine morale ne puisse y mettre bien plus efficacement. Si les méchans étoient assurés d'être punis toutes les fois qu'il leur vient en pensée de commettre une action déshonnête, ils seroient forcés de s'en désister. Dans une société bien constituée, le mépris devroit toujours accompagner le vice, & les châtimens suivre le crime; l'éducation guidée par les interêts publics devroit toujours apprendre aux hommes à s'estimer eux-mêmes, à redouter le mépris des autres, à craindre l'infamie plus que la mort. Mais cette morale ne peut être du gour d'une religion qui dit de se méprisér, de se haïr, de fuir l'estime des autres, de ne chercher à plaire qu'à un Dieu dont la conduite est inexplicable.

Enfin, si la religion chrétienne est comme on le prétend un frein aux crimes cachés des hommes, si elle opère des effets salutaires sur quelques individus, ces avantages si rares, si foibles, si douteux, peuvent-ils être comparés aux maux visibles, assurés & immenses, que cette religion a produits sur la terre? Quelques crimes obscurs prévenus, quelques conversions inutiles à la société, quelques repentirs stériles & tardifs, quelques futiles restitutions, peuvent-ils entrer dans la balance vis-à-vis des dissensions continuelles, des guerres sanglantes, des massacres affreux, des persécutions, des cruautés inouies, dont la religion chrétienne fut la cause & le prétexte depuis sa fondation? Contre une pensée secrette que cette religion fait étouffer, elle arme des nations entières pour leur destruction réciproque ; elle porte l'incendie dans le cœur d'un million de fanatiques ; elle met le trouble dans les familles & dans les Etats ; elle arrose la terre de larmes & de sang. Que le bon sens décide après cela des avantages que procure aux chrétiens la *bonne nouvelle* que leur Dieu est venu leur annoncer.

Beaucoup de personnes honnêtes & convaincues des maux que le christianisme fait aux hommes, ne laissent pas de le regarder comme un mal nécessaire, & que l'on ne pourroit sans danger chercher à déraciner. L'homme, nous disent-ils est superstitieux ; il lui faut des chimères, il s'irrite, lorsqu'on veut les lui ôter. Mais je réponds que l'homme n'est superstitieux que parce que dès l'enfance tout contribue à le rendre tel ; il attend son bonheur de ses chimères, parce que son gouvernement trop souvent lui refuse des réalités ; il ne s'irritera jamais contre ses Souverains, quand ils lui feront du bien ; ceux-ci seront alors plus forts que les prêtres & que son Dieu.

En effet, c'est le Souverain seul qui peut ramener les peuples à la raison ; il obtiendra leur confiance & leur amour, en leur faisant du bien, il les détrompera peu à peu de leurs chimères, s'il en est lui-même détrompé ; il empêchera la superstition de nuire, en la méprisant, en ne se mêlant jamais de ses futiles querelles, en les divisant, en autorisant la tolé-

des différentes sectes qui se battront réciproquement, qui se démasqueront, qui se rendront mutuellement ridicules : enfin la superstition tombera d'elle-même si le prince rendant aux esclaves la liberté, permet à la raison de combattre ses folies. La vraie tolérance & la liberté de penser, sont les véritables contrepoisons du fanatisme religieux ; en les mettant en usage, un prince sera toujours le maître dans ses états, il ne partagera pas sa puissance avec des prêtres séditieux qui n'ont point de pouvoir contre un prince éclairé, ferme & vertueux. L'imposture est timide, les armes lui tombent des mains à l'aspect d'un monarque qui ose la mépriser & qui est soutenu par l'amour de ses peuples & par la force de la vérité.

Si une politique criminelle & ignorante a presque partout fait usage de la religion, pour asservir les peuples, & les rendre malheureux, qu'une politique vertueuse & plus éclairée l'affoiblisse & l'anéantisse peu à peu pour rendre les nations heureuses ; si jusqu'ici l'éducation n'a servi qu'à former des enthousiastes & des fanatiques, qu'une éducation plus sensée forme de bons citoyens ; si une morale étayée par le merveilleux, & fondée sur l'avenir, n'a point été capable de mettre un frein aux passions des hommes, qu'une morale établie sur les besoins réels & présens de l'espece humaine, leur prouve que dans une société bien constituée, le bonheur est toujours la recompense de la vertu ; la

P

honte, le mépris & les châtimens font la solde du vice & les compagnons du crime.

Ainsi que les souverains ne craignent point de voir leurs sujets détrompés d'une superstition qui les asservit eux-mêmes, & qui depuis tant de siecles, s'oppose au bonheur de leurs états. Si l'erreur est un mal qu'ils lui opposent la vérité; si l'enthousiasme est nuisible, qu'ils le combattent avec les armes de la raison; qu'ils reléguent en asie une religion enfantée par l'imagination ardente des orientaux; que notre europe soit raisonnable, heureuse & libre; qu'on y voye regner les mœurs, l'activité, la grandeur d'ame, l'industrie, la sociabilité, le repos; qu'à l'ombre des loix, le souverain commande & le sujet obéisse; que tous deux jouissent de la sureté. N'est-il donc point permis à la raison d'espérer qu'elle reprendra quelque jour un pouvoir depuis si longtems usurpé par l'erreur, l'illusion & le prestige? Les nations ne renonceront-elles jamais à des espérances chimériques, pour songer à leurs véritables intérêts? Ne secoueront-elles jamais le joug de ces tyrans sacrés, qui seuls sont intéressés aux erreurs de la terre? Non gardons nous de le croire; la vérité doit à la fin triompher du mensonge; les princes & les peuples, fatigués de leur crédulité, recourront à elle; la raison brisera leurs chaînes; les fers de la superstition se rompront à sa voix souveraine, faite pour commander sans partages à des êtres intelligens. amen.

TABLE DES CHAPITRES.

CHAPITRE I. Introduction. De la necessité d'examiner sa religion, & des obstacles que l'on rencontre dans cet examen. Page 1

II. Histoire abregée du peuple Juif. 33
III. Histoire abregée du christianisme. 44
IV. De la mythologie chrétienne, ou des idées que le christianisme donne de Dieu & de sa conduite. 51
V. De la révélation. 57
VI. Des preuves de la religion chrétienne, des miracles, des propheties, des martyrs. 66
VII. Des mysteres de la religion chrétienne. 85
VIII. Autres mysteres & dogmes du christianisme. 93
XI. Des rites, des cérémonies, ou de la théurgie des chrétiens. 102
X. Des livres saints des chrétiens. 10
XI. De la morale chrétienne. 118
XII. Des vertus chrétiennes. 138
XIII. Des pratiques & des devoirs de la religion chrétienne. 143
XIV. Des effets politiques de la religion chrétienne. 158

TABLE.

XV. *De l'Eglise, ou du sacerdoce des chrétiens.* 200

XVI. *Conclusion.* 212

Fin de la table.

www.ingramcontent.com/pod-product-compliance
Lightning Source LLC
Chambersburg PA
CBHW051913160426
43198CB00012B/1870